U0931786

靈修著作精選｜盧雲系列｜

跟從耶穌，每一步都是歸心之路

盧雲給焦慮時代的6堂心靈課

盧雲 著

安雪兒 編

羅 爾 序

黃大業 譯

基道出版社

▼

靈修著作精選 • 盧雲系列

跟從耶穌，每一步都是歸心之路

盧雲給焦慮時代的 6 堂心靈課

Following Jesus

Finding Our Way Home in an Age of Anxiety

作者

盧雲 Henri J. M. Nouwen

安雪兒 Gabrielle Earnshaw（編）

譯者

黃大業

責任編輯

張碧嘉、吳國雄

裝幀設計

奇文雲海 · 設計顧問

■

出版 / 發行

基道出版社

香港沙田火炭坳背灣街 26 號富騰工業中心 10 樓 1011 室

LOGOS PUBLISHERS

Unit 1011, 10/F, Fo Tan Ind. Centre, 26 Au Pui Wan St., Shatin, Hong Kong

電話：(852) 2687-0331　傳真：(852) 2687-0281

網址：https://www.logos.com.hk

承印

陽光印刷製本廠

●

7/2020 初版

Cat. No. LP675A

ISBN: 978-962-457-605-4

Originally published in English under the title

Following Jesus

This edition published by arrangement with Convergent Books,

an imprint of Random House, a division of Penguin Random House LLC

through Andrew Nurnberg Associates International Limited

For more information about Henri Nouwen, his work, and the work of

the Henri Nouwen Society, visit www.HenriNouwen.org.

Published in association with Alive Literary Agency, 7680 Goddard Street,

Suite 200, Colorado Springs, CO 80920, www.aliveliterary.com

Printed in Hong Kong

刷次	10	9	8	7	6	5	4	3		
年份	2034	2033	2032	2031	2030	2029	2028	2027	2026	2025

目 錄

羅爾序

盧雲：我的朋友、導師

我首次聽聞盧雲，時維一九六〇年代末，我還在俄亥俄州（Ohio）接受神學訓練。家母從肯薩斯州（Kansas）寫信給我，說我們教區有位新任司鐸是荷蘭人，她很喜歡出席他主領的彌撒。她這樣形容：「他的鄉音極濃，難以聽得明白，但他語帶敬畏，態度虔誠。」當然那時候我全不知道她說的是誰。那時盧雲在明寧格（Menninger）學院修讀心理學博士課程，而我家在托皮卡市（Topeka），也就是明寧格的所在。不久後，盧雲的軌迹與我有所交疊。

一九七〇年代中起，我和盧雲經常在研討會同時擔任講員。其後他數度前赴辛辛那提（Cincinnati）新耶路撒冷社區（New Jerusalem Community）探望我，並向我表示很渴慕羣體及親密關係。我看得出那是他的熱忱與需要。其時社區初立，我和他會不時在那工人階級為主的鄰里中散步。他總令我心曠神怡（我想不出更恰當的形容詞）——難忘他永不止息的屬靈好奇心、他的柔弱、他對人的謙恭與關心。

亨利[1]渴慕有深度的關係，而我相信他的專長也關乎關係。他能夠從虛飾中辨出真誠，也渴望成為虛飾者的治療者。這正是他能夠有效服事我們的原因！

一九八六年我移居新墨西哥州（New Mexico），創辦「行動與默觀中心」（Center for Action and Contemplation）。亨利寄來一封十分鼓勵我的信，叫我「專一教授默觀」！他甚至建議我好好鑽研伊斯瓦蘭（Eknath Easwaran）的著作，這讓我看到他信仰的深度，因為他全不覺得閱讀印度教大師的著作會威脅到他的基督信仰。他也讓我看到，他雖然流著天主教的血液，卻也能夠辨出真正的默觀道理——無論源於哪裏。

他在我心中是一位明智而聖潔的前輩，所以我總把握機會向他尋求靈命指引。不過我跟他談話幾分鐘，就發覺他沒有解答我的疑問，反而不知怎地將我化為他的靈命導師！我不肯定這究竟是出於他的謙恭，還是出於某種不自覺的回饋需要，總之最後我相信那是全然真心的屬靈求索——他重視我的看法，不下於自己的洞見。他固然是個作者，以文字講解靈命操練，但在現實中，他也是個靈命的追尋者，時刻渴慕更多智慧、更多愛人的動力。

當他聽聞我開始講授男人的靈命操練，就寫信給我大加鼓勵。他曾經勸勉幾位藝術工作者，以畫作為媒介，期望為所謂「破碎父子關係」帶來醫治。他知道這方面的醫治很多時候需要視覺上的意象作為助力。我知道至少一位聖像畫工作者——方濟會的蘭茲（Robert Lentz）——接受了他的觀點，畫了一幅作品：使徒約翰把頭挨近耶穌的胸懷。亨利很喜歡這幅作品，也向我及其他人剖白了自己與父親的複雜關係。

總言之，按我粗淺的理解，這是盧雲最根本的恩賜：**人的脆弱，以及他從這赤裸裸的坦**

1. 盧雲小名。——中譯本編註

誠得來的醫治能力。對我們大多數人來說，他造出「負傷的治療者」（“the wounded healer”）這個詞語，而且以他的一生去盡情演繹這個詞語。他喜歡自己聲名遠播，卻也十分了解箇中的虛空。記得有一次他不無傷感地對我說：「我在荷蘭的家人根本不看我的書，甚至不知道我寫書！」卻又隨即一笑置之：自己怎會說出這樣的話來。

也許可以這樣說：亨利將人的陰暗面帶進靈修神學的整全對話中，跟亞西西的方濟各（Francis of Assisi）與小德蘭（Thérèse of Lisieux）相似，卻加上更多心理學卓見。因此，盧雲對愛與一切關係（尤其是上帝的愛）的本質，都極具現實意義的洞見。我們基督徒向來習慣將自己的陰暗面稱為「罪」，並快快認罪了事——因此不能夠從中學到教訓。亨利肯定也會向他覺得親近的人「認」自己的罪與失敗——卻只會在嘗到箇中的刺痛、內涵、真理和當中常常蘊含的智慧之後，才做這事。這些坦誠的告白，似乎令他得以憐憫他人。

總言之，亦因此，亨利成了卓越的基督教導師——他肯定經得起時間考驗。擺在你面前、必能令你賞心悅目的，是本書所載他那些得來不易的智慧。

他很快會成為你朋友——假如他還不是你朋友的話。

羅爾（Richard Rohr）
行動與默觀中心創辦人
寫於新墨西哥州阿爾伯克基城

譯者言

又一本盧雲新書面世。盧雲不是安息了嗎？是，而且已經二十幾年了，但他留下來的巨量手稿、筆記、講章，都保存在多倫多大學的特設檔案室中，且有專人管理。據悉這些資料足夠出版比盧雲生前著作多一倍數目的書！喜歡盧雲的讀者可拭目以待。

難得的是，並非出自盧雲親筆的盧雲著作，也可以有十足的盧雲味道。正如大家手中這本《跟從耶穌，每一步都是歸心之路》：熟悉的主題，親切的筆觸，明明知道不是盧雲寫的，卻又很難相信不是盧雲心底的聲音。

很夢幻的感覺，怎會有這許多優秀的編者與作者，願意隱藏在盧雲名字背後，為出版盧雲著作孜孜不倦？

熟悉盧雲著作的讀者都知道，盧雲每本書的序言都是瑰寶：述說那本書的寫作緣起，通常就是一個精采絕倫的故事，有人有情有風景，真箇是故事中的故事。而本書邀得當代天主教銷暢書作者羅爾神父寫序，可謂延續了盧雲著作的特色：總有一篇精采絕倫的序文，這實在是錦上添花。

盧雲著作另一特色，是書名大多精警。原書的副題是「在焦慮的世代，尋找歸家的路」（Finding Our Way Home in an Age of Anxiety）。二〇一九年下半，香港出現覆地翻天的變化。無可置疑的是，香港人都在焦慮與惶恐中，基督徒也在焦盧與惶恐中跟從耶穌。有人立定心意離開，亦有人立定心意留下。盧雲這本書給我的提醒：跟從耶穌不是漫無目標，縱使焦慮滿途，卻是一條歸家之路。路漫漫其修遠兮，吾將上下而求索。共勉之。

黃大業　謹識
二〇一九年十二月十二日

導論

你在跟從耶穌嗎？我想你看看自己，捫心自問。

你是跟從者嗎？我是嗎？

很多時候我們更像漫遊者，而不是跟從者。我這是在說你，也同樣在說自己。我們這種人游弋很多，做事很多，見人很多，活動很多，讀書很多。我們的投身既廣又深。我們從多方位多角度經驗人生。我們去這裏，去那裏，做這事，做那事，對他說話，對她說話，要做這事，要做那事。偶爾我們懷疑自己怎能夠完成一切差事。假若靜下來仔細想清楚，會發現自己經常從一件急事轉到另一件急事。我們如此忙碌，如此投入，但若被問到究竟在忙甚麼，卻恐怕答不出來。

從一事漫遊到另一事的人，總覺得生活逼人，而非生活逍遙，因此十分疲憊——身心俱疲。這是許多人的問題。問題不在於我們做許多事，而在於我們做許多事的同時，卻懷疑自己其實一事無成。有時候我們會覺得自己在拋接許多個球，但不肯定這拋接遊戲能否玩下去。這是很累人的事——也十分磨人。

有人至終停下來，放棄一切。他們說：「五年了，甚麼也沒發生過。」他們坐著，一味的袖手。再無一事可以刺激他們。他們對生命失卻了興趣。他們只看電視，只讀漫畫，終日賴牀，再沒有節奏、動作、張力。他們有時候以酒精、藥物、性愛為現實的逃避，可惜沒有一樣可以吸引他們。沒有任何東西能夠令他們產生動力。

「你想做甚麼？」「我無所謂。」

「想不想看電影？」「我無所謂。」

他們不再漫遊之後，就僅僅呆坐著。這些人也十分疲憊。他們真的力竭筋疲。上述的兩種人——到處游弋的、只呆坐著的——都是漫無目標的人。

在我們所有人心中，都有點漫遊者的性情，也有呆坐者的性情。你若觀看這世界，可能會暗忖道：「我好累。這世界充滿疲憊，重擔遍佈。我有時自覺是漫遊者，有時又自覺是呆坐者。」正是為了我們這疲憊肆虐的世界，上帝差遣耶穌來發出愛的聲音。耶穌說：「來跟從我，不要再游弋了。來跟從我，不要只呆坐了。來跟從我吧。」

愛的聲音，就是能夠徹底顛覆我們人生的聲音——從漫遊或呆坐的人生，轉變為有焦點、有目標的人生。

「來跟從我。」

有些人可能聽過這聲音了，有些人可能還沒有。

只要聽到這把呼召我們去跟從的聲音，萬事萬物就會自動歸位。從前亂跑一通，忽然有了焦點。我們知道要往哪裏走。我們只有一個關注。忽然之間，昔日的愁煩鬱悶一掃而空，因為我們聽到了愛的聲音。

假如沒有焦點，沒有跟從對象，我們就是空洞的人。我們確然如此！但當我們發現了愛的聲音，呼喚說：「來跟從我。」一切就變得不一樣，原本看來沉悶、煩厭、疲於奔命的人生，忽然變成有明確方向的人生。

我們可能因此對自己說：「如今我知道為甚麼而活了！」

我寫這本書，是為幫助你我聆聽那愛的聲音，聆聽那在你耳畔輕呼的微聲：「來跟從我。」

我盼望可以做到的，是引導大家離棄煩躁的漫遊，開展愉悅的跟從；不再僅僅呆坐一旁袖手旁觀，卻因為聽到愛的聲音雀躍不已。

這聲音不是強加諸我們的聲音。這是愛的聲音，而愛不會推撞，也不會拉扯。愛是極之細膩的。

舊約聖經有一個美麗的故事，提到一位先知站在山上的大洞穴口，上主在他面前經過。有雷鳴，但上主不在雷鳴中。有地震，但上主不在地震中。有火，但上主不在火中。然後有平靜而微小的聲音，上帝就在那微聲中（參王上十九 11 ～ 13）。

那聲音是極之細膩的。它可以很安靜。它有時難以聽到。不過那愛的聲音已經在你裏面。你可能已經聽過它。

開始留心聽那聲音吧。要安靜，花時間留心聆聽。

聽啊，它說：「我愛你。」它按你的名字呼喚你。它說：「來，來啊，來跟從我。」

親愛主，

求祢今日與我同在。求祢聽我説出我的煩亂，讓我知道該怎樣面對。我不知道該説甚麼，也不知道該做甚麼。求祢讓我知道該怎樣做。祢是安靜的上帝，求祢幫助我，在這吵鬧世界中，能夠聽到祢的聲音。我渴想與祢一起。我知道祢是平安。我知道祢是喜樂。求祢幫助我，成為大有平安、大有喜樂的人，這都是緊靠祢度日之人的果子。親愛主啊，讓我可以靠近祢。

阿們。

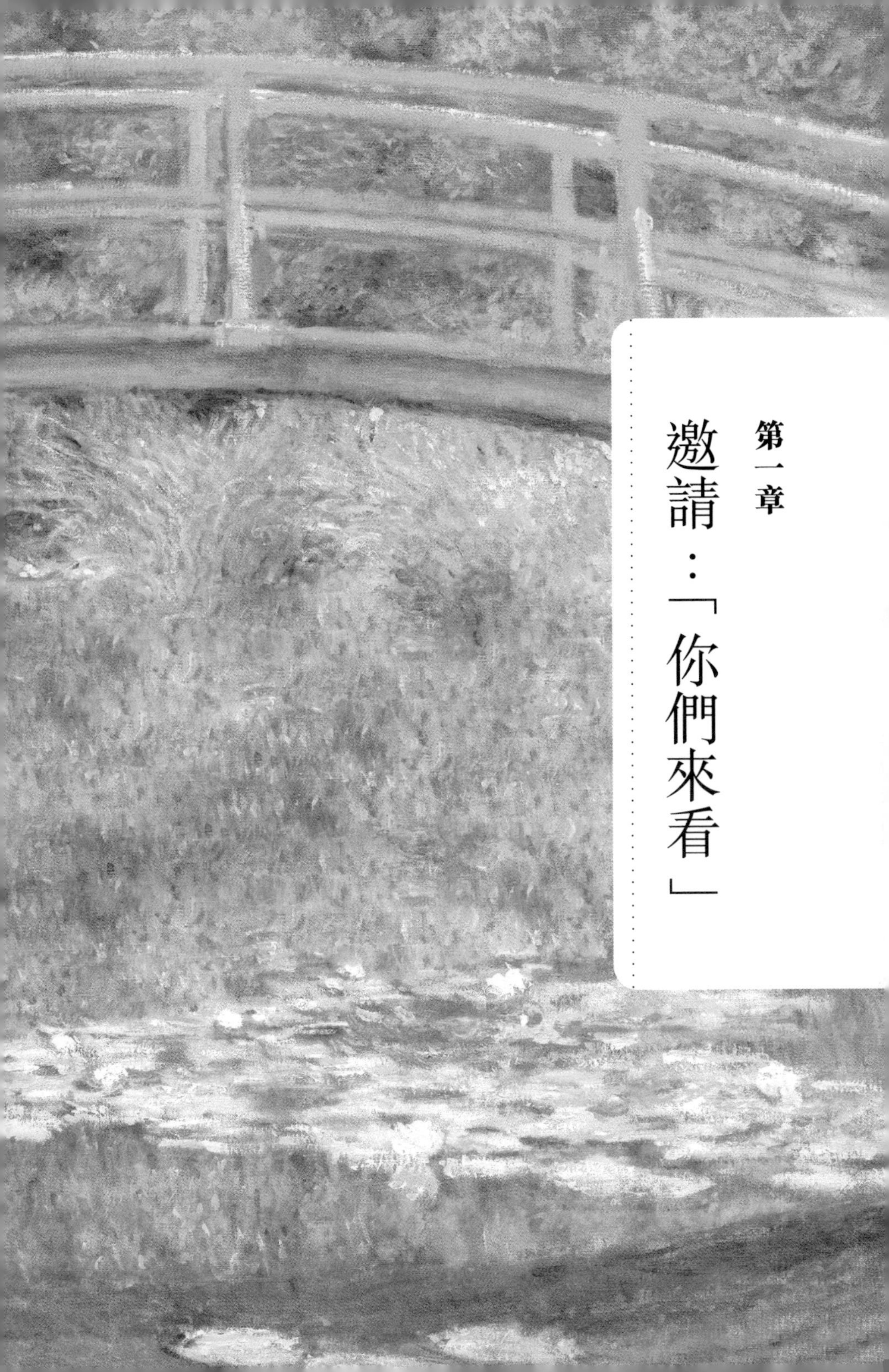

第一章

邀請：「你們來看」

約翰同兩個門徒站在那裏。他見耶穌行走，就說：「看哪，這是上帝的羔羊！」兩個門徒聽見他的話，就跟從了耶穌。耶穌轉過身來，看見他們跟著，就問他們說：「你們要甚麼？」他們說：「拉比，在哪裏住？」（拉比翻出來就是夫子。）耶穌說：「你們來看。」他們就去看祂在哪裏住，這一天便與祂同住；那時約有申正了。

（約一35～39）

試花點時間，想像你身處這故事中。想像你與施洗約翰一起。他是個壯漢。想像他穿著駱駝毛的衣服。他與眾不同。他厲聲喊著：「你們要悔改，你們要悔改！你們是有罪的！你們要悔改，你們要悔改，你們要悔改！」

人們前來聽約翰的話。他們似乎感覺自己人生少了點甚麼。他們似乎覺得自己終日營營役役，力竭筋疲；又或整天坐著發呆，一事無成。

眾人來到這個怪人——這個野人——面前，聽他説話。他有兩個門徒與他一起，名為約翰與安得烈。有一天，耶穌也來了，施洗約翰定睛看耶穌，宣告：「看哪，上帝的羔羊，除去世人罪孽的！」

約翰知道他的同胞是罪人，他們必須悔改；卻又知道自己無法除去他們的罪孽——人是不可能除去世人罪孽的。約翰高呼：「你們要悔改，你們要悔改，你們要悔改！」但他發現耶穌來到，就定睛看祂，對他的門徒約翰和安得烈說：「看哪，**那就是**上帝的羔羊，除去世人罪孽的！祂是上帝的僕人，來到世間受苦。祂就是那位奉差遣而來成為祭牲的，是上帝的羔羊，能夠除去你們的罪孽。」

且想像自己身處這情景中。

想像自己與約翰、安得烈站在一起，很想開展新的人生，有新焦點、新起點、新心、新靈。這兩位年輕人於是跟從耶穌，耶穌轉身看見他們跟著祂，說：「你們要甚麼？」他們怎樣回答呢？是否說：「主啊，我們想做祢的跟從者。」「主啊，我們想奉行祢的旨意。」「主啊，我們想祢除去我們的罪孽。」這統統不是他們的話！他們的回答是：「祢住在哪裏？」

就在故事伊始，我們聽到門徒問了一個至關重要的問題：祢住在哪裏？祢的居所是甚麼？祢的道路是甚麼？與祢一起是甚麼回事？

耶穌說：「你們來看。」

祂並非說：「你們進入我的天地吧。」祂並非說：「來吧，我會改變你們。」祂並非說：「來做我的門徒吧。」「聽從我吧。」「聽從我的吩咐吧。」「背起你的十字架。」非也！祂說：「你們來看。仔細看。慢慢認識我吧。」就是這麼一個邀請。

他們留了下來與祂一起。他們去了祂住的地方，看了，餘下的整天都與祂一起。約翰福音記載，那時約是申正，換言之，是下午四點鐘。

耶穌向門徒發出邀請，他們進到祂面前，並與祂同住。他們樂意去到祂住的地方。他們見到的耶穌，與施洗約翰很不一樣。施洗約翰呼喊：「你們要悔改，你們要悔改，你們要悔改！時候到了！」耶穌說：「你們來看我住的地方。」

他們看見耶穌——上帝的羔羊。祂是謙卑的僕人：貧窮、溫柔、友善、使人和睦、清心。他們看見耶穌，就在那時那刻，他們見到了上帝的羔羊。

那裏有一種柔和，有一種善意，有一種謙卑。

「你們來看。」

「他們就去看祂在哪裏住，這一天就與祂同住。」

耶穌邀請他們，不過是看祂的住處。

運用你的想像力，以心眼察看這個你剛讀完的故事。

我們獲邀

耶穌正在發出邀請，邀請我們前來上帝的居所——進入上帝的住處。

這邀請不附帶任何苛索。上帝羔羊的故事對我們說：「你們來啊，來我的家，隨便看，不要害怕。」遠在耶穌呼召我們撇下所有來跟從祂之前，祂說：「來啊，看我的住處。」

耶穌是家主，樂意我們在祂身旁。耶穌是舊約聖經中的好牧人，邀請祂的子民赴祂的筵席，並賜他們生命之杯，福杯滿溢。

上帝邀請我們進祂的家，這意象在聖經裏隨處可見。

主是我的居所。主是我的藏身處。主是我的蔭庇。

主是我的避難所。主是我的帳棚。主是我的殿宇。主是我的住處。主是我的家。主是我渴想一生一世定居的所在。

上帝樂意成為我們的房間、我們的住處。祂想方設法，盼望我們有居家的感覺。祂像一隻鳥，將我們擁抱在翅膀裏。祂像一個婦人，將我們懷在腹中。祂是無限的母親、仁愛的家主、慈祥的父親、細心的供應者——祂邀請我們加入祂的行列。

有一種存在感，乃是安全，乃是美好。在這個充斥了兇暴、混亂、毀壞的危險世界，有一個地方，是我們很想身處的。我們很想身處上帝的殿——可以感到安全、被擁抱、蒙眷愛、被照顧。我們與詩人同說：「除了主的殿，我的心還想停駐哪裏呢？」（參看詩八十四、二十七篇）

「家」的意義益加重要。耶穌說：「在我父的家裏有許多住處⋯⋯我去原是為你們預備地方去。」（約十四2）耶穌告訴我們關於那家居、那院宇的事：我們會在其中出席盛宴，福杯滿溢，餘生就是一個大慶典。

約翰福音以一個震撼的意象——「家」——揭開序幕：「太初有道，道與上帝同在，道就是上帝⋯⋯萬物是藉著祂造的⋯⋯道成了肉身，住在我們中間⋯⋯」（約一1～3、14）家，是道成肉身精義所在。讀過福音書的人，會聽過耶穌這話：「我已經以你為家，好讓你也能夠以我為家。」(約十五 4～8) 上帝之家的意象，不斷進深再進深，直到所有意象匯聚一起，我們恍然大悟：原來我們就是上帝之家！上帝又邀請我們效法祂，以祂的家為我們的家。我們終於明白了：就在我們身處之地，就在這身體裏，就是這張臉、這雙手、這顆心——我們就是上帝選擇居住的所在。

聽清楚了：耶穌願意你我成為上帝這親密家庭的成員。「我愛你們，正如父愛我一樣。」(約十五 9) 耶穌說：「以後我不再稱你們為僕人、陌生人、外人；不！你們乃是朋友，因為我從我父所聽見的，都已經告訴你們了。我所做的事你們都能夠做，甚至能做更大的事。我不是大人物，你們也不是小人物，不！我能夠做成的事，你們也能夠做成。」(約十五 15～16)

聖父與聖子的親密關係，其實有一個名稱，就是聖靈。「我願意你擁有我的靈。」「靈」就是「氣息」的意思，來自一個古老的希臘字 *pneuma*。「我願意你擁有我的氣息。我願意你擁有我最私人的部分，好讓你與上帝的關係，跟我與上帝的關係並無二致——乃是屬天的關係。」

你必須用心聆聽的，是你已經獲邀住在上帝的家中。就在此刻，你獲邀請成為這親密關係的一部分。

何謂屬靈生命？屬靈生命的另一個説法：你是上帝家庭的成員。

當我們説「我奉耶穌的名説這話」或「我奉耶穌的名做這事」，其實真正的意思是：「我在上帝的住處説話做事。」今日很多人以為奉耶穌的名做事，是因為耶穌不在現場，所以我們代表祂做事。這是搞錯意思了！奉耶穌的名説話、奉耶穌的名安居、奉耶穌的名行事，其實意味著「我在此名號之內」。你在哪裏？「我活在那名號之中，那是我的住處，是我的家。」你住在那地方，就能夠進入世界，而毋須離開你的所在。

若離開那地方，離開耶穌的心，我們的一切言語與想法，都會失卻意義。無論要做甚麼，都不要離開那地方，因為惟獨在那地方，你才身處上帝裏面。拯救惟獨從那地方而來，而我們要帶給這世界的，就是拯救。

上帝的邀請是「你們來看上帝的地方」。起初我們以為那不過是祂的家、祂肉身的住處，但隨著約翰福音的情節展開，我們發現「上帝的地方」乃是祂的生命關係——聖父、聖子、聖靈，構成一個愛的家庭，而我們獲邀加入為成員。跟從耶穌，就能加入這愛的家庭。

我們毋須強迫自己跟從耶穌。首先不過是這邀請而已：「來啊，來啊，你們來看。」

我們怎樣回應？

聽

要回應耶穌的邀請，就要聆聽像施洗約翰這些人的信息。若非施洗約翰宣告：「看哪，上帝的羔羊！」約翰和安得烈可能會錯失與耶穌的相遇。福音書的故事提醒我們，必須聆聽那些為我們指出耶穌所在的人。單靠自己，我們難以找到耶穌。

這個使者未必令人興奮，或有魅力，或容易相處。這個為我們指出耶穌的人，可能大大刺激我們的神經——正因為我們心存偏見！我們可能漠視這個人，或衝口而出：「看他的裝扮！」「我對談論耶穌的人毫無興趣！」

但願你能夠醒悟：就算這些不是我們願意親近的人，我們仍要聆聽他們說話。他們或許太貧窮，或許太富有，或許有奇怪的口音，或許說另一種語言。總之你會有理由說：「嗳！他們自身也問題多多啊。」

然而，他們為你指出耶穌所在。

我們必須聆聽那些不容易專注聆聽的對象。可能是一個毫無花俏的婦女，或毫不吸引的男人，只懂得說：「你愛耶穌嗎？」而你的反應是：「嗐，你甭說了。」

你要聆聽。

你要留神。

那可能是極有權勢的人，或許是教宗在談論耶穌，你可能暗忖：「嘿，你身處梵蒂岡，宗教氛圍濃厚，說這些當然容易。」但這不是要點。你只要聆聽。

那可能是一個全然不落俗套的人，罔顧一切規範。但只要有人呼召你「跟從耶穌」，你就必須當心，你要十分認真對待那聲音。

「看啊，看啊，上帝的羔羊！」

我們可以有千個理由不去看，不去聽。然而，你要十分留心。

你要聆聽。

你若不聆聽，可能永難找到耶穌。那些為我們指出耶穌所在的人，不會指向自己，卻是指向耶穌。你要十分認真面對。

舊約聖經告訴我們，撒母耳在上帝的殿中睡覺，主對他說：「撒母耳，撒母耳！」他就跑到祭司以利面前，說：「我不斷聽到有聲音呼喚我。」起初以利對他說：「你回去睡吧。」不過最終以利恍然：是上帝呼召這個童子！於是說：「上帝向你說話啊。」其後撒母耳再聽到那聲音，就回應說：「主啊，祢的僕人——我在這裏敬聽。」（撒上三 1～9）若沒有以利指示，撒母耳不會知道是上帝向他說話。若沒有施洗約翰，約翰和安得烈不會看見耶穌。我們必須聆聽生活中的人——那怕不過是淪落人——認真對待他們的話。

問

聽了，還要問。

約翰和安得烈問耶穌：「祢住在哪裏？」假如我們想

跟從耶穌，自然想認識耶穌是誰。這一點很重要：我們**真的**想知道。

「主啊，祢住在哪裏？我們想與祢一起。我們想知多一點祢的事。」

你必須問。我必須問。

要不斷問。

「主啊，與祢一起是怎麼回事？我想跟從祢，但我有點猶疑。」

要不斷問。

「我見過一些人做了一些我不大認同的事。求祢向我顯明祢的本相，讓我可以自行判斷。求祢向我顯明。祢住在哪裏啊？」

這是我們禱告的起點。我們的禱告始於這話：「主啊，求祢讓我看看祢是誰。有人說祢是這，有人說祢是那，我只想親身知道祢究竟是誰。」

只要問，不要怕。

耶穌說：「以後我不再稱你們為僕人⋯⋯我乃稱你們為朋友；因我從我父所聽見的，已經都告訴你們了。」（約十五 15）我們要向上帝求這好奇心。要禱告說：「主啊，我只想認識祢。求祢讓我看看祢是誰，好讓我能夠講述這體驗。」試試細味使徒約翰提及的「我們所聽見、所看見、親眼看過、親手摸過的」(約壹一1)，這正是我想大家都能夠擁有的——能夠講述自己親眼看過、親耳聽過的親身體驗。

住

面對耶穌邀請的第三個回應，是住。「他們就去看祂在哪裏住，這一天便與祂同住；那時約有申正了〔下午四點鐘〕。」我們必須與耶穌同住。我們必須放膽與耶穌在一起。你要非常安靜，儘少活動，僅僅與祂一起。約翰福音記述耶穌說：「我想與你同住。我想成為你的朋友。你不是僕人，你是我的家人。來探望我啊，住下來，花時間與我一起，與我同住。」

要跟從耶穌，就要願意開口說：「在這半個鐘頭裏，我要與耶穌在一起。我知道會分心。我知道會有千個意念出現、萬樣事情想做，雖然我的心既煩躁又焦慮，但我知道祢愛我，又向我發出邀請。我要與祢在一起。」

你要與祂同在，聽祂的話。你要聆聽祂，祂向你發出邀請。你要安靜，像與父母同處一室的孩子。你只要住在那裏，隨意玩耍，留下。每天留半個鐘頭，你做得到嗎？就是半個鐘頭，可以嗎？只要留在那裏，只要坐著，甚麼也不做。花時間在耶穌身上。這就是愛。愛一個人，就會渴想與對方同在。你渴想留下，享受那時刻。「耶穌啊，我們在這裏真好。」（可九5）

我們漸漸發現，自己在主裏建造著一個家，我們在祂的家裏不僅停留半個鐘頭，而是一整天。我們常在主的殿裏。我們無論身在哪裏，做甚麼事，也總在主的家裏。我們已經歸家。

就算我們在歸家途中，也已經身在家中。

不要說：「我太忙了。」不要說：「我有更重要的事要做。」只要身在那裏。每一天。禱告，發現。我們可以活在這個恐怖、競爭不住的世界裏，卻同時身在家中。

聽，問，住——你會慢慢在耶穌裏長大成人。

* * *

跟從耶穌，迥異於跟從一個名人，或投身一場運動。

我這話是甚麼意思？

很多人是被「迷倒」、「誘惑」、「吸引」到一些事或一些人之上。英雄崇拜正是這麼回事。我們迷倒在歌星或影星跟前，這些人有能力誘惑我們前往另一個天地——可以說，或多或少，我們是被吸引到他們的世界裏。但這不是跟從，雖然人們可能以為這就是跟從（跟隨某個偶像的行蹤），但這不是耶穌所說的跟從。

我們被吸引去投身一場運動（就算是場有美好意義的運動），也不等於跟從。人們常常問我：「你近日熱中甚麼嗎？是不是互助諮商（co-counseling）？原始吶喊療法（primal scream therapy）？心理綜合學（psychosynthesis）？超感官知覺（ESP）？理智分析？你究竟熱中甚麼？」我們從這些運動學到不少功課，也會頭腦發熱一陣子，但福音書所講的跟從，是風馬牛不相及的事。這個靈命旅程，斷不是迷倒在一種英雄崇拜的狀態中，或被吸引去投身一場極美好的運動。

世上有各式各樣極有意思的運動：醫治運動、治療運動，諸如此類。我也曾經投身不少這類運動。這種跟從有一個特點：就是經常聚焦於「我」。你若迷倒在英雄崇拜中，就會發現自己其實在追尋一個「替代性自我」。我有幾個朋友，多年前去過「披頭四」(Beatles) 演唱會，他們都說身處現場時，自己的身分多麼容易被那四位來自利物浦（Liverpool）的男孩替代了！他們都忘卻了自己，靈魂出竅。他們的自我被替代了。可以說，他們與現場的音樂和歌迷融為一體。投身運動的人，通常都在追尋某種內在和諧，或某種可抑制一些苦痛的解藥。我們渴望這場或那場運動可以提供一些情緒上的緩衝，或簇新的歸屬感。

然而當耶穌說「跟從我」時，所發生的是截然不同的事。我們踏上的是不一樣的路，因為耶穌的呼召，乃是呼喚我們撇下「自我」，走向上帝。這呼召是一個容讓上帝進駐我們之存有的核心（center of our being）的呼召。這是甘心樂意撇棄「自我」，逐步走向上帝說：「主啊，祢是主上帝。」

這不是追尋自我之路，而是倒空、撇下自我，騰出空間讓全新之存有——就是上帝——進駐。耶穌的一生，是益加捨棄自我，讓上帝進駐生命核心的一生。這正是釘十字架的精義。當耶穌說「跟從我」時，祂也在說：「撇下你自我的所在吧。撇下母親、父親、兄弟、姊妹、家庭、熟悉的財產吧。撇下你的『自我』天地——我的母親、我的兄弟、我的姊妹、我的財產、我的天地——來跟從我吧。」

耶穌說：「你要撇下。」撇下吧，好讓上帝進駐核心。

我們獲邀，離開熟悉的所在，去尋找上帝。我們獲邀去尋找上帝，確信在上帝裏可以發現我們的真正身分。重點不是「我」，而是主。

跟從耶穌，乃是聚焦在呼召人的上帝之上，並且漸漸能夠確信：我們可以撇下熟悉的天地，迎向新事新物。

我們會成為新的種族！

我們會獲得新的名字！

亞伯蘭回應了上帝的呼召，成為亞伯拉罕。掃羅跟從了耶穌，成為保羅。西門跟從了耶穌，成為彼得。彼得撇下了屬於他的舊天地，踏進上帝的天地，尋獲自己在上帝裏的真正身分。

你的新名是甚麼？我的呢？

主耶穌，

求祢幫助我，就在此刻，拋開今日一直困擾我的所有事。

求祢除去我心中肆虐的各樣恐懼。求祢除去我的不安感，以及對自己的蔑視；惟願我能夠被祢塑造——祢是上帝的羔羊。

求祢幫助我，進入祢的安靜，讓我能夠聽見——聽見祢呼喚我，讓我得到力量與勇氣去跟從祢。求祢與我同在——就在我聆聽祢話語之際，並且益加明白祢呼召我跟從祢的奧祕。

願祢與我同在，從今時直到永遠。

阿們。

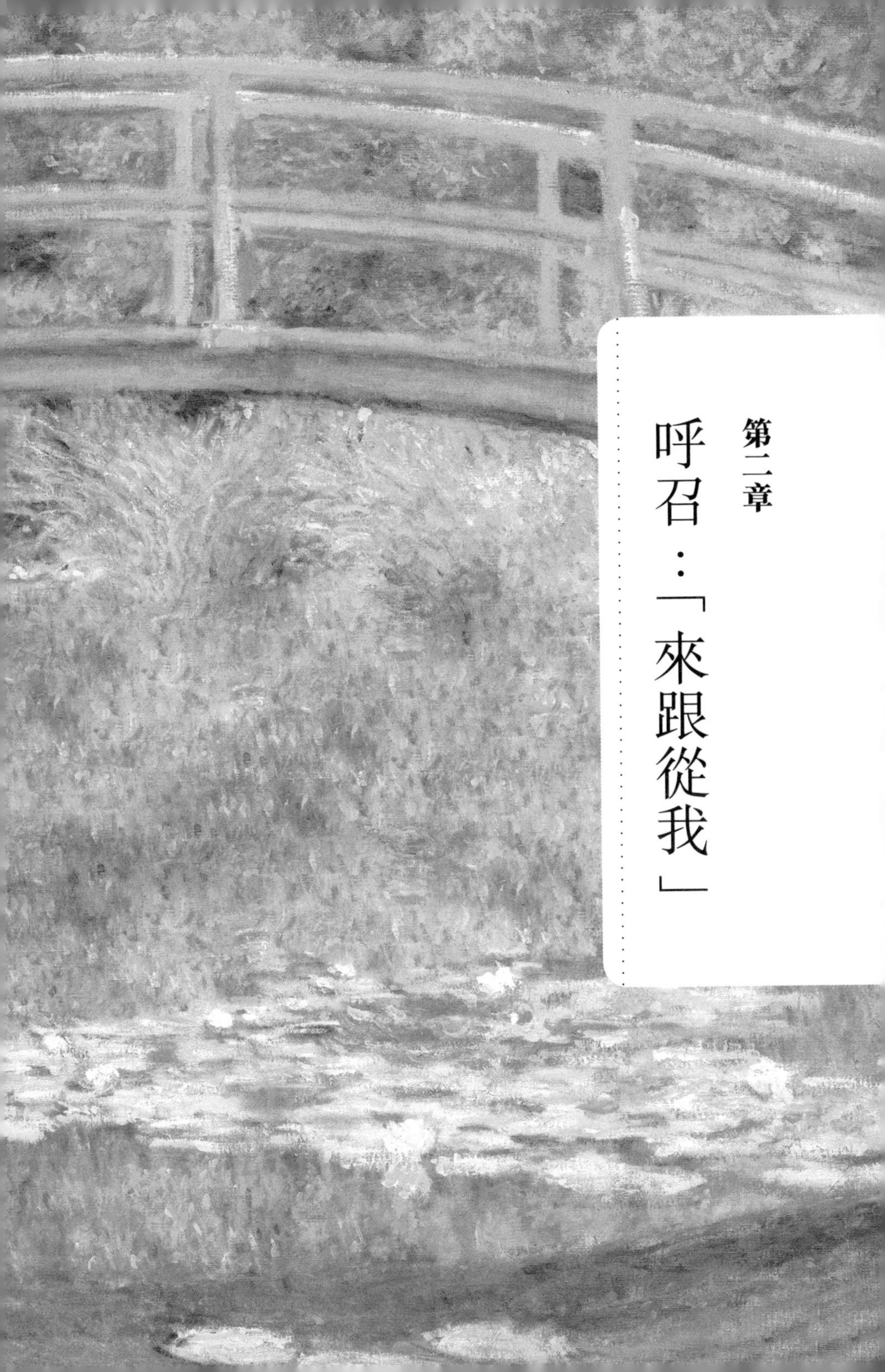

第二章 呼召：「來跟從我」

耶穌站在革尼撒勒湖邊，眾人擁擠祂，要聽上帝的道。祂見有兩隻船灣在湖邊；打魚的人卻離開船洗網去了。有一隻船是西門的，耶穌就上去，請他把船撐開，稍微離岸，就坐下，從船上教訓眾人。講完了，對西門說：「把船開到水深之處，下網打魚。」西門說：「夫子，我們整夜勞力，並沒有打著甚麼。但依從祢的話，我就下網。」他們下了網，就圈住許多魚，網險些裂開，便招呼那隻船上的同伴來幫助。他們就來，把魚裝滿了兩隻船，甚至船要沉下去。西門·彼得看見，就俯伏在耶穌膝前，說：「主啊，離開我，我是個罪人！」他和一切同在的人都驚訝這一網所打的魚。他的夥伴西庇太的兒子雅各、約翰，也是這樣。耶穌對西門說：「不要怕！從今以後，你要得人了。」他們把兩隻船攏了岸，就撇下所有的，跟從了耶穌。

（路五1～11）

路加福音這段經文是耶穌呼召頭幾個門徒的故事。

耶穌向羣眾講話。太多人了，耶穌看不清楚所有人，所以找來一條船。祂坐在船上，請求將船撐開，好讓祂看得見所有人，也讓所有人看得見祂。

試想像耶穌在船上的光景。想像岸邊擠滿人。你在羣眾當中，聽到耶穌講道。

耶穌的信息是甚麼？就像在其他場合一樣，祂在傳講天國的道理。祂在傳講嶄新的生命之道。耶穌在講論一個國度，在這國度裏，貧窮的人有福了，溫柔的人有福了，哀慟的人有福了，使人和睦的人有福了，饑渴慕義的人有福了，被逼迫的人有福了，清心的人有福了(參太五 3 ～ 11）。

在天國裏，萬事都是顛覆的。在這世上的邊緣分子、不被尊重的人，忽然被宣告為蒙召進天國的人。我們的軟弱、破碎、貧窮，忽然成為新事新物可以開展的所在。耶穌說：「要親近你的破碎。要親近你的罪性。要轉向上帝，因為天國近了。你若預備好聆聽自己的破碎，就有新事新物能夠從你而出了。」

耶穌講道完畢，人們回到自己的日常生活中，他們會說：「好了，我們回到原本的生活吧，這些道理我們都知道了！我們還是回復舊觀好了。」但耶穌說：「你們下網打魚吧。」

耶穌沒有回到祂原本的日常生活中，祂沒有回復舊觀，卻很清楚地表明要離開舊的生活方式，進到新的生活方式。不過門徒的回應，顯示他們與聽道前沒有兩樣。

我們也是和他們一樣。

門徒說：「噯，耶穌，祢不是漁夫，祢不懂得打魚，祢是傳道人。我們昨晚整夜在打魚，祢要知道下網打魚的時機在深夜，而不是白天，我們深夜打不到魚，白天更不可能會打到魚，現在下網只會徒勞，祢不相信我們的判斷嗎？」其後他們語帶無奈地說：「但祢既然吩咐我們，好吧，我們下網。」

門徒以常人的邏輯回應耶穌。這種事司空見慣。想想五餅二魚的故事：五個餅，兩條魚，耶穌對門徒說：「你們將這五個餅、兩條魚分給羣眾吧。」門徒的回應是：「祢不懂得數算嗎？五個餅兩條魚，餵不飽這裏的人啊！」但耶穌說：「要餵飽這裏的所有人。」（參看可六38；太十四17）

耶穌說：「下網吧。」門徒照做了，而且真的打到魚！更有意思的是，他們網到的不是僅僅需要的數量，而是多到自己也不好意思！五餅二魚的故事也是一樣。耶穌不是說人人只能夠有一小塊餅——他們分剩的餅，甚至多到令他們不知所措。在下網打魚的故事中，他們的船載滿網來的魚，多到自己也尷尬不已。他們不需要那麼多魚啊！他們網到平常數量的魚，已經夠開心了。

耶穌就是要打破人的邏輯。祂對人的邏輯不感興趣，反倒要將天國的現實帶進人間。頃刻之間，門徒不再囿於世界的邏輯，卻進到上帝的「超邏輯」（illogic），那是超越一切邏輯的。他們進入了一個嶄新的天地。當彼得終於恍然大悟了，他沒有說：「主啊，我錯了，原來祢是懂得打魚的。」彼得卻是開口說：「主啊，我是個罪人。」彼得的反應十分難能可貴，因為彼得體會到一件事：此前他不相信會發生這樣的事！他已經聽過主講論天國的事，還有新天新地的秩序，但如今他感到十分扎心，因為此前他根本沒有聽進主的話，起碼沒有認真地將主的話當作一回事。他沒有認真地看待耶穌。但當耶穌打破他的邏輯，他開口說：「我是個罪人！我不曾甘心樂意看待祢的話，我只在繼續做自己的事，依循自己的想法，完成自己的小小計劃。」

在天國的現實中，在嶄新的現實中，彼得驚覺原來一直只懂得關心自己。「我，我，我！我只想打魚，所以整夜勞碌在湖上。」他覺悟了：他向來所做的一切，原來都是為了自己。

彼得並非例外。其他門徒也不斷聽耶穌的信息——從權力的視角，從舊世界的視角。你在福音書中可以再三看見這事實。

「祢終於肯驅除羅馬人，奪取權力了嗎？」

「祢會開始計劃組織嗎？」

耶穌打破一切常規，開拓一個全新天地。祂說：「來跟從我。不要害怕。我要使你得人。我會引領你進

入簇新的生命與生活中。」(參可一 17)

他們就撇下一切，跟從耶穌。

我們一生總也持守著自己的邏輯。耶穌要來打破它，向我們展示新的生命之道。我們害怕這樣的事，因為會失去控制權——假若容許耶穌進駐我們生命的核心，就不能再掌控自己的未來。

我們由此要信靠一個新方向，是我們無以名之的。耶穌使用的字詞有「氣息」、「生命」、「死亡」、「真理」，但祂注入了新的意思在其中。門徒不明白這些字詞，滿心狐疑。他們要在好一段日子之後，就是當聖靈降臨之時，才終於明白這些字詞的真正意思。

我們蒙召

耶穌呼召我們離開一個資源稀缺的世界，以及離開一種稀缺的心態，而進到一個資源豐足的世界，以及進到一種豐足的心態。門徒滿心只想到匱乏，我們也是這樣，總覺得不夠資源分給所有人，因此必須小心保住自己所有。我們是充滿恐懼的一族，惶惶不可終日，而這恐懼在各方面侵襲我們。

我們害怕自己。我們害怕他人。我們害怕上帝。恐懼瀰漫我們的生命。恐懼令我們整天想著匱乏，令我們自問自答：「這是個危險的世界！我怎樣活下去啊？不夠資源分給所有人啊！沒有足夠的食物，沒有足夠的知識，沒有足夠的愛心，但我想活下去啊！我想確保自己能夠活下去！我想生存！」這是非常普遍的反應，人皆如是。

當我們擔憂資源不足，即時反應就是開始囤積。我們開始囤積餅和魚，也囤積榮譽，也囤積愛心，也囤積知識，也囤積意念。

我們一開始囤積，就馬上四面樹敵。

總會有人對你說：「你有的遠比我多。」你可能回應道：「可能吧，但我需要為緊急狀況做好準備啊。」那些人又說：「但我現在就需要了，我現在肚子餓啊！」「我現在就想知道啊！」「我現在就想建造啊！」

假如我們帶著匱乏的心態思考，很快就會遇上仇敵，他們企圖奪取我們所囤積的。我們益加害怕，因為我們有餘的愈多，就愈多人想奪取我們的有餘；有餘的愈多，就愈要築起更多圍牆，去保衛所囤積的。

圍牆建得愈高，我們對腦海中的外敵也愈是害怕。為了對抗他們，我們便開始製造飛彈。然後想到仇敵可能也在製造報復式飛彈，因而陷入恐慌。我們驚覺身陷自己所建造的牢獄中，無非出於對匱乏的恐懼——害怕資源短缺。

想想看，你是怎樣緊抓著諸事諸物的？

譬如說，怎樣緊抓著某段關係？

「這是我的朋友，但我不會邀請他來這裏，因為其他人會喜歡他多於喜歡我，我不想被遺棄啊。」

你這樣做，是緊抓著你的朋友，不肯放手。

匱乏思維，在福音書中十分顯眼。耶穌說上帝是豐盛之上帝。每逢耶穌出現的地方，不但有生命，而且有豐豐足足的生命。

耶穌來是要人得生命，而且得的極豐盛。祂帶給我們的，遠超我們所求的。耶穌給予我們的，總是多於我們期待的。祂不斷應許我們的，是一個我們難以了解的現實——祂談論的是永生、真理、光明、生命。

耶穌的神蹟，是嶄新現實的標記。祂說：「你們記得剩下的餅有多少嗎？你們至今還不相信嗎？」耶穌的話，顯示了深深的失望：「我怎樣才可以令你們相信，你們真的可以信我呢？我怎樣才可以令你們相信，你們與我同在，真的可以一無所缺呢？」就算在耶穌復活後，門徒仍未能了解這新的現實。彼得說：「我們回去打魚吧。主離開我們了。一切都完了。」他們回家去打魚，忽然發現一個人在岸邊，向他們呼喊說：「你們打到魚沒有？」他們說：「沒有啊。」「這樣吧，你們將網撒在左邊，再試一次吧。」他們照做了，網到滿滿的魚。約翰轉身對彼得說：「是主！」彼得馬上跳進水裏，游到耶穌跟前（約二十一7）。

主賜予我們的，超過我們所求所想。門徒的心眼因此打開了。就算門徒難以完全理解這箇中的意義，但眼前的標記太震撼了，他們最終撇下漁網，跟從耶穌。

按福音書的描述，跟從耶穌，首先是獲邀去跟從那位豐盛之主。就算我們未能全然領受上帝款待這莫大的福分，但我們仍然獲邀去跟從主。

盼望你明白我想表達的意思。我們緊抓著地位與財富，正是出於恐懼。恐懼令我們緊抓著所擁有的，因為害怕會失去己所需要的。愛能夠勝過恐懼。愛就是放手，確信生命是藉著放手而增添——生命會變得**更寬廣**。

「來跟從我。拋開你的邏輯。拋開你的想法。拋開你的恐懼，確信會有新事發生。你會進入天國，滿有豐盛、喜樂、平安、自由。」我們回應道：「好啊，不過……不要走得太快，我們好好商量，看看我們要面對的是甚麼。」

我們其實不大信任主。

耶穌說：「來跟從我。看著我。你看不見那魚嗎？看不見那餅嗎？你依然在抓住你的論據。你依然在掙扎。你覺得不快樂。你感到不滿足。你很害怕。你身在自己造出來的牢獄中。你很憂慮。我對你說：『來跟從我。』而你仍想爭論。」我們回應道：「我不知道自己能否放手。我認識我的恐懼，而我不認識愛。」

我們明白那苦痛。我們對愛感到陌生。我們怎樣做？我們會選擇苦痛。我們緊抓自己的方法，因為不知道若拋開這些方法會遭遇甚麼事。「來跟從我」的意思是「拋開那些恐懼」。耶穌說：「你要先考慮天國的事，其餘你所憂慮的事，會各歸其位。你為何那麼憂慮？為何那麼掛心？為何那麼害怕？我很想你獲得自由。我很想你跟從主——在祂裏面有生命。我很想賜你生命。你若緊抓你所擁有的，則只會樹敵，只會遇上圍牆，只會遇上死亡。世上有的是毀壞、戰爭、暴力，但我是生命之主。你要選擇生命！你要選擇我，在我裏面有豐盛！」

我們怎樣回應？

乃是藉著放手，藉著付出！五個餅，兩條魚，在付出之際不斷增添，足夠所有人享用。我們緊抓的不斷消減，我們分享的不斷增添，這是神奇的「超邏輯」。貧窮的人會獲得土地。獻出自己所有的人，會發現其所有不斷增添。在恐懼中緊抓自己所有的人，會發現其所有的在眼前不斷消減。

我生命中也曾遇見此事。若我緊抓一個朋友，或緊抓一個意念，只會滿腦子焦慮與緊張。為何我要選擇這樣？改變做法吧！會有不同的結果，會有嶄新的東西出現。

面對跟從耶穌的呼召，我們的回應可以具體而微。我們的回應，就是踏出小步離開「我」和「我的恐懼」，踏出小步走向主。

跟從，不等於大動作、戲劇化。

很多人其實早已有了小答案，卻仍要問一些大問題，他們常令我莞爾。有人問我：「我應該撇下一切去宣教嗎？耶穌要求我的是這個嗎？」「我真的要撇下家人、工作、財產，去跟從耶穌嗎？」我答道：「當你其實只須立志：『我承諾不再向我的幼子怒吼。我承諾向前踏出一小步。』何必要問這些大問題？」

屬靈生命的重大祕訣，是就算你不知道一大步是甚麼，卻總也知道一小步是甚麼。你毋須知道一大步是甚麼，也可以踏出一小步——對你來說，最重要的是每次踏出一小步。有意思的是，與主交往親密的人，總會知道要踏出怎樣的一小步。譬如說，我們可以立志：「我定意不再那樣談論那人——我不會再說有關他的閒話。」這是小事一件，沒有人會留意。我們仍然不喜歡那個人，但我們起碼不再說他的壞話。這是一小步。下一步可能是向他微笑，然後請他到訪家中，未幾便與他成為朋友。回頭看，一個漫長的旅程，是由許多「一小步」組成的。

歷史上的大人物都是從「一小步」開始旅程的。亞西西的聖方濟各並非突然脫去外袍搬進山洞，相反，那是為期四年的掙扎過程，包含許多「一小步」。他問自己：「我該怎樣想？」「我該怎樣做？」他逐步逐步去尋求答案。我們愛聚焦在戲劇化的結局上，但那不是我想你留意的地方。我想你留意的，是他經過哪些步程，才能走完他的旅程。

你要十分留神。你很清楚今晚要做甚麼。你也知道明天要做甚麼。你也知道你不必做甚麼。你必須相信，只要在思想上、言語上、行為上都踏出忠信的「一小步」，就能完成一個漫長的旅程。你會聽到益加響亮的呼召，確定你前進的方向。

但我不想你以為這是毫不費勁的事。

然而我們必須相信，這些必不可少的「一小步」，每步之間不會相距很遠。耶穌不要求我們大幅跨步，只要求我們付諸行動，謹慎地走一小步，再走一小步。

第一步是聆聽。

第二步是離開「我」。在作出抉擇時，我們可以問自己：「我做這事是出於怕死的恐懼，還是帶著信任？」是出於懼怕，還是出於愛，我們一定分得出來。總要選擇愛，做事不要出於恐懼。留意這小小的改變：不要因著害怕而說甚麼、想甚麼——想可怕的事，只會帶來更多恐懼。

跟從耶穌，乃是離開恐懼，走向愛——時刻走向主。

離開恐懼，走向愛——上帝就是愛（約壹四8），這事至關重要。我們必須定睛在豐盛之主身上。耶穌應許賜我們生命，並且得的極豐盛。祂並非說：「我要令你的人生艱苦困難。」祂確然提及捨棄與放手，但那是其後的事。祂首先談論的是如何走向生命。祂說：「來跟從我，定睛看那應許讓你獲得豐盛生命的所在。」

你要藉著禱告和默想，定睛在那生命的所在。

你若渴想建立屬靈生命，就要常常思想主，定睛看祂。

聖依納爵（St. Ignatius of Loyola）會勸我們說：「要看祂，聽祂，摸祂，嚐祂，聞祂。」你要全然投入一切感官，務要認識祂的一切。要快快回應祂的邀請：「你們來看。」因為你若真的看了，真的察看了四周，真的認識了耶穌的榮美，就會知道耶穌的榮美，正是祂愛的呼喚，呼喚我們接受祂的邀請，去祂要我們去的地方。然後，道路就變得容易了。

也許「容易」不是恰當的形容。應該説，我們會做這事，因為我們被**吸引**去做。屬靈生命不是關乎放棄甚麼，而是首先關乎跟從主。屬靈生命的第一件事不是要拋開一切恐懼，而是要被引領向愛。假如我們將主、主的國、主的道、主的福音藏在心裏，成為我們的內在空間（inner space），我們就會知所進退，因為主的天地在我們心中。同時我們身在主的殿裏，與上帝同在，我們因此能夠作出正確的抉擇，因為定睛在正確的地方。我們認識上帝的榮美，而且渴想停駐其中。我們有正當的渴慕。

我們各有獨特的召命。人人都蒙召去跟從主。能夠確認自己的呼召，是令人振奮的事。

毋須把一切想像得太複雜。留心聽，你便會知道下一步該怎麼走。你會感受到前進的動力，因為它總是朝著一個方向推進：從怕到愛。

「來啊，來跟從我。」

* * *

跟從耶穌，乃是跟從主的聲音，祂呼召我們離開徒勞無功的漫遊，或漫無目標的呆坐。耶穌說：「來跟從我。」若我們選擇聆聽並跟從，人生就會漸漸得以聚焦。人生不再煩厭，因為我們知道精力該投放到哪裏。我們知道生命中孰輕孰重。跟從耶穌，乃是拋開「我」，走向「他者」。跟從耶穌，乃是離開自我，慢慢放棄建立「小我」。跟從耶穌，乃是願意接受引導，被領向一種全新的生活方式。

跟從不等於效法或模仿別人的行為。偶爾我們會模仿別人的言語或行為，但跟從耶穌不是這樣，不是去效法或模仿祂的行事方式。

作出這區別是重要的，假如我們仿效某人，便不是在跟那人建立個人的、親密的關係。我們仿效的對象，是我們敬佩或傾慕的、卻並不親近的人。

有時仿效更帶有恐懼的意味在內。

「我害怕他或她不喜歡我，所以我要仿效他或她的言行，好讓他或她接納我。」

這當中沒有內在空間可言。

仿效某人，也可以出於怠惰。

「我會做他或她所做的事，但我不會放在心上。」

一些仿效某人的人，對那人根本漠不關心，他們不想將這段關係放在心上。

相反，當我們說跟從耶穌時，乃是一個發自內心的行動，動機源於心底，與最隱私的自我有關。跟從耶穌，乃是靠著祂的靈、祂的光、祂的心去度日，卻同時也是以自己的靈、自己的光、自己的心去過活。我們不會變成被動的仿效者；恰恰相反，我們要成為主動發掘自己獨特召命的人，以嶄新的方式過日子。

跟從耶穌，乃是以自己獨特的方式，體現上帝的愛。

跟從耶穌，乃是效法祂過真誠無偽的生活，乃是捨棄自我，按照耶穌的啟示去順服慈愛的上帝。跟從耶穌需要歸信上帝，需要新的心靈、新的頭腦。

沒有兩個耶穌跟從者是一模一樣的。試看古往今來的聖徒，他們跟從耶穌的方式都不一樣。基督徒生命的其中一樣精采之處，就是沒有一人是倒模而成的；相反，基督徒生命很多元，因為上帝的愛以迥異的方式，體現在不同的生命中。

如果跟從等於仿效，就不會有羣體的出現。羣體正是不同人以不同方式消化與整合上帝呼召的結集成果。基督徒羣體的活力，端在乎跟從耶穌的多元性。

人人映照上帝之愛的方式各有不同，加起來像一幅馬賽克畫。馬賽克的組成小片，有的很明亮，有的是黃金，有的很微小。近看，可以欣賞每塊小片的美；遠看，所有小片加起來成為一幅美麗的圖畫，所講述的故事，是任何一塊小片無法單獨講述的。這些不同的小片加起來，向世人反映著上帝的面目。

跟從耶穌，乃是聽祂呼召——一個非常個人的呼召。這呼召要求我們為上帝的愛——顯於耶穌——作獨一無二的見證。作門徒的方式有許多，上帝大愛的豐盛亦因此見於基督徒羣體。對一些人來說，這呼召關乎甘心樂意的貧窮。對另一些人來說，是忠於婚姻盟誓。對這人而言，是在俗世中忠心服事。對那人而言，是委身默觀與隱修。無論各人的回應如何，都是愛的回應，都是努力彰顯上帝的愛。每個門徒，均反照出上帝大愛的某個特點。

作門徒——彰顯上帝的愛——有許多方式。有人是激情的愛者，有人是暴烈的愛者。他們看見不公不義，馬上奔赴前線。有人是溫柔的愛者，滿有接納的心懷。他們走到哪裏，那裏就出現羣體。還有人是靜悄悄的愛者，他們的行蹤十分隱密。

這些都是愛的形式，而人人有自己的方式。上帝的愛浩瀚無邊，需要無數人去予以彰顯。各式各樣的愛，構成一個巨網，彼此支持。

主耶穌，

我來到祢跟前，惟願找到祢的道路，進入祢的奧祕——作門徒的奧祕、從十字架通往新生命的奧祕。這路不容易走，卻是邁向平安與喜樂的路。求祢幫助我，賜我甘於受苦的心靈、敏於明辨的頭腦、勇於跟從的意志。

世上多有掙扎，我也總會遇上許多掙扎，但是，
主啊，只要與祢一起，我就能夠行在祢的光中。
主啊，只要與祢一起，我就能夠漸漸走向生命。
主啊，只要與祢一起，我就知道自己是安全的。

讓我以感恩的心禮讚自己的生命，為自己的生存而感恩，為祢是我的上帝而感恩。

阿們。

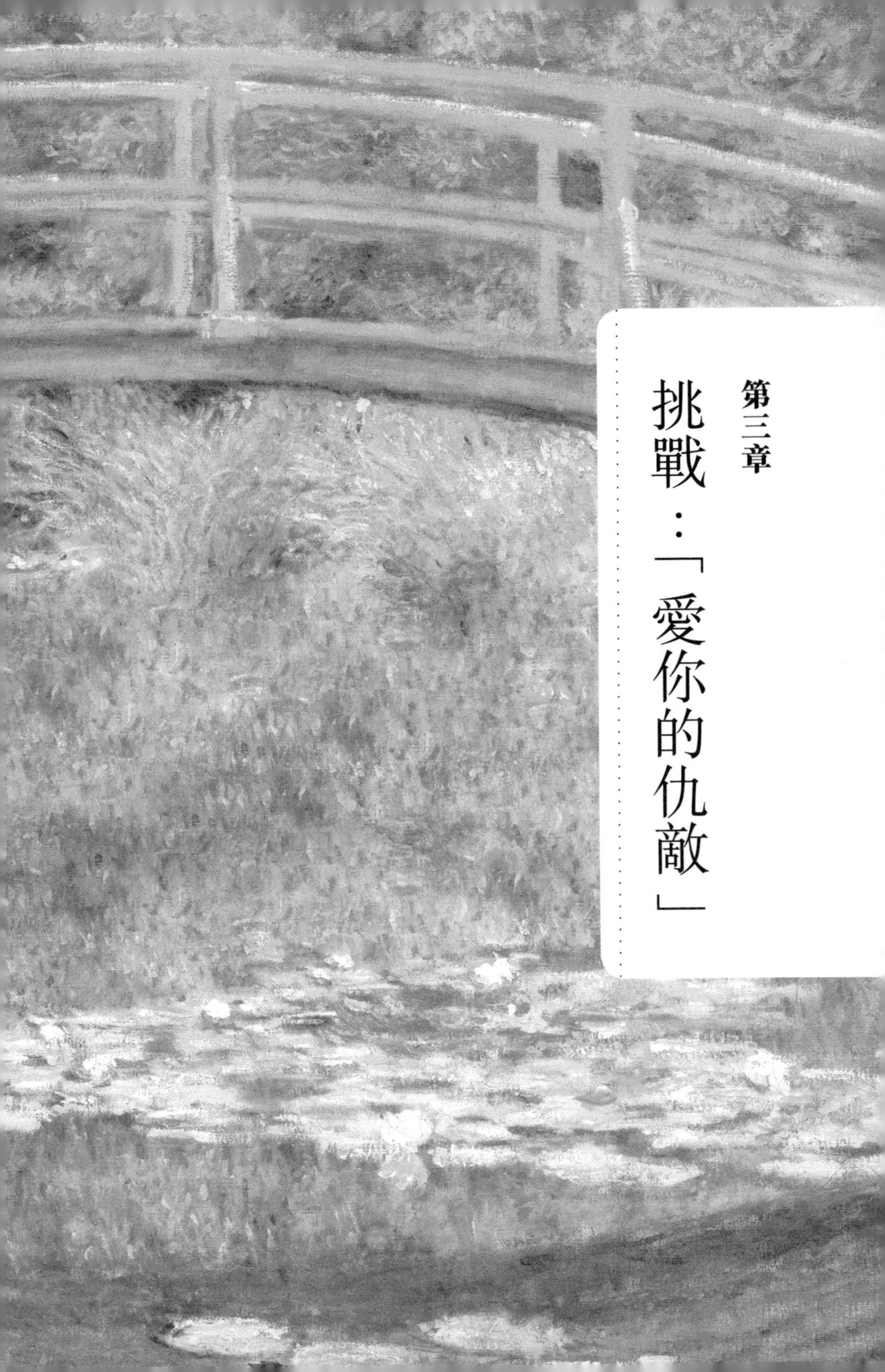

第三章

挑戰：「愛你的仇敵」

〔耶穌說：〕「你們的仇敵，要愛他！恨你們的，要待他好！咒詛你們的，要為他祝福！凌辱你們的，要為他禱告！有人打你這邊的臉，連那邊的臉也由他打。有人奪你的外衣，連裏衣也由他拿去。凡求你的，就給他。有人奪你的東西去，不用再要回來。你們願意人怎樣待你們，你們也要怎樣待人。你們若單愛那愛你們的人，有甚麼可酬謝的呢？就是罪人也愛那愛他們的人。你們若善待那善待你們的人，有甚麼可酬謝的呢？就是罪人也是這樣行。你們若借給人，指望從他收回，有甚麼可酬謝的呢？就是罪人也借給罪人，要如數收回。你們倒要愛仇敵，也要善待他們，並要借給人不指望償還，你們的賞賜就必大了，你們也必作至高者的兒子，因為祂恩待那忘恩的和作惡的。」

（路六27～35）

「愛你的仇敵」，這個呼召也許是整個基督信仰中最核心的信息。新約之所以為新，正關乎這信息。這信息藉著耶穌穿越歷史，也是耶穌向我們發出的挑戰。可歎我們對「愛」的看法不僅貧乏，更或多或少是扭曲了的。因此在談論愛仇敵之前，必須先談論愛朋友的意思。

愛

回想自己怎樣度日、別人又怎樣度日，我總詫異一事：自己是何等的苛索！我不斷索取眷愛。我不斷索取注意。我不斷索取肯定。我不斷索取稱讚。我不斷索取影響力、權力、成就。我察覺到這些需索深深左右著我，也深深左右著別人。

這些需索力量強大，我們經常可以發現自己的生活，往往在滿足它們的要求。這種生活方式有一個悲劇性本質——你可能早已注意到了：但凡某個需要給滿足了之際，我們當即感到不足夠！我們祈求有人讚賞，終於有人對我們說：「你是我見過的人裏面最美麗的一個。」我們心中暗忖：「這話當真？她是否對所有人都說這話？」又或有人對我們說：「你真棒！你做的事或你監製的電影或你寫的論文實在精采絕倫。」這話帶來焦慮，因為我們自覺必須與某某的期望匹配！人愈是出名，愈是神經緊張，因為害怕失去曾經竭力建立的東西。

我曾在三藩市及洛杉磯與一些電影製作者、娛樂事業工作者交往，他們每個人都不斷要聽到讚許他們的話，這實在叫我驚訝不已。況且他們這需求彷彿沒完沒了。你告訴他們有多棒，但他們卻永不滿足。甚至那些在事業頂峯的人——已經拿了奧斯卡金像獎或別的獎項的人——也同樣不快樂，同樣覺得缺乏別人肯定。你對他們說：「你是最棒的了！」他們會說：「今天你是這樣覺得，但明天呢？」

就算是備受稱賞、名利雙收，已經擁有獎項、成就、讚譽的人，也可能終日鬱鬱寡歡。你若靠得夠近，戳破他們的虛飾，就知道他們和所有人一樣，都缺少了安全感。在表面風光的財富、成功、稱賞背後，原來依然是一個小人物在發問：「你愛我嗎？」

我們都聽過人在事業巔峯了結自己性命的悲劇。你會問：「怎會有這樣的事？他們富有、出名、成功啊。」然後你發現他或她的人生像緊繃的弦線，根本無法持續。

我們的需索大而且多。很多人對眷愛及成功的需索深不可測，難以想像。我常懷疑人們是否真的喜歡我，又是否喜歡我所做的事。太惱人了！我無法擺脱這些困擾。我完成了一篇以謙卑為題的講道，但事後我竟首先想知道人們是否喜歡我的講道！

我們為何如此需索？

這需索從何而來？

這需索源於受傷的經驗。我們是受傷的一族。我們受傷甚深，以至質疑自己的價值。我們懷疑自己。我們不斷問：「我值得存在嗎？」「我對全人類有貢獻嗎？」「我屬於任何羣體嗎？」

可能我們表達的方式不是這樣，但總有經歷某種被遺棄的感覺。在心底深處，我們總覺得不被接納。我們指控自己的母親、父親、兄弟、教會或學校，說：「我對曾經發生在我身上的事怒不可遏。」「我仍覺得缺乏自尊感，因為父親經常苦待我。」「我母親不曾眷愛我，她偏愛我的兄弟姊妹，獨不喜歡我。」「教會令我覺得自己很差勁。」

這些諸般受傷的情緒，使我們變得十分需索。我們極度渴求一種心安的確據。我們切切覺得自己不被接納。我們指控某些事或某些人，認為他們才是罪魁禍首，但心底裏也知道其實別有內情。

這需索有一大問題：它可以變得很暴烈。我們的孤單，我們的自我懷疑，我們內心的苦楚，可以大得驚人，甚至想要強迫別人愛我們。「求你愛我！求你讓我可以安心！」換言之，原本是愛的表達，卻淪為愛的需索。在一個渴求愛的世界，出於需索，人們於是不停攫取、噬咬、拍打、攻擊。監獄中許多人之所以為非作歹，無非為了博取注意，儘管最後落得如此下場。

我們的需索很可能帶來傷害。我們很可能以自己的需索去傷害人，譬如說，我們常常強迫別人付出一些他們根本沒擁有的東西。我們強迫別人扮演上帝的角色。

當我們強迫別人做上帝，我們自己會變成鬼魔。世間爭鬥由此而生。需索帶來傷害，傷害生出新的需索，形成惡性循環。假如有人問：「我的需索從何而來？」我們可以知道的是，創傷是從過去一些人對我們的傷害而來，而那些人自己也有很多需索。

我們可能會回應道：「我斷不會被自己的需索控制，去做出那樣的事！」我們都不想傷害任何人，但在我們察覺之前，就可聽到兒女在說：「我覺得你無視我的存在。」也許朋友在說：「我對你很失望。」又或配偶在說：「你沒有滿足我的需要。結婚這麼多年了，我們之間仍然存在這許多的空白！」這箇中之苦痛是難以想像的，因為被我們傷害的，正是我們深深愛著的人。然而我們似乎逃避不了這樣的事。我們難過不已。而且，我們可以預視，這互為影響的「傷害與需索」惡性循環，將來還要繼續下去。

不過，具體來說，我們經驗的傷害究竟是甚麼？

是被拒的傷害，是覺得自己並非完全被愛。受傷的人，打從心底不覺得自己被真心地愛著。

耶穌的話直透人類這苦況。耶穌要釋放我們脫離捆綁我們的枷鎖。祂怎樣釋放我們？乃是向我們揭示一個道理：我們必須先有被愛的經驗，才可以向人付出愛，或接受人的愛。耶穌降世，向我們啟示原初的愛——可稱為「原愛」（original love）。我們蒙耶穌呼召，去接觸這原初的愛。

這原初的愛說：「在你能夠愛任何人、或接受任何人愛你之前，我就已經愛你。我已經接納你，你是蒙接納的。你是蒙愛的——無論你的母親、父親、兄弟、姊妹、學校、教會或社會對你做了甚麼事。你在我的愛中而生。因著愛，我命定你的存在。因著愛，我宣告你的出生。你是我的愛的具體呈現。在我裏面沒有憎恨，沒有報復，沒有怨恨。沒有任何事物要排斥你。我愛你。你能夠信任這愛嗎？」

原愛，乃是原初的福分。

原愛，乃是原初的接納。

遠在我們談論原罪或原初的排斥之先，我們理應談論上帝的原愛。

因著上帝的愛，我們能夠彼此相愛。這原初的愛，是一切創意人際關係的基礎。我們盼望呈現在我們中間交流互動的，就是這愛。

耶穌說：「你們要彼此相愛，因為我先愛你們。」

屬靈生命，就是與這原初之愛交往的生命。就在觸及這原初之愛的一刻，我們開始慢慢獲得釋放，脫離需索與傷害的捆鎖與拘禁。

屬靈生命，其實是渴想我們獲得自由的生命——獲得自由去愛。

曾經有一個婦人，將香膏倒在耶穌的腳上，然後用自己的頭髮去抹。耶穌說她的罪赦免了，因為她付出的愛極多（路七 36～48）。耶穌的意思是，這婦人明白自己深深被愛，這認知令她得到自由，能夠全心去愛耶穌。

當我們觸及原初之愛，就能觸及我們之存有的核心——在此我們感受到全然的被愛，既無條件亦無限量。當我們觸及原初之愛，就有愛人的自由，而毋須求取任何回報。

但這不是屬世之愛的要義。屬世之愛是交易——這種交易性質，正是人們擺脫不了煩惱的原因。人們若付出了甚麼，就會期待能有所收回——這是衝突的源頭，也是敵意的源頭，更是忿怒、嫉妒、怨懟和復仇的源頭。這種對愛的理解，是人類一切煩擾的根源。

耶穌說：「你們要付出，不指望收回，不指望償還。」（路六 34～35）

耶穌並非想我們成為被虐狂——例如在善待他人後說：「噢，不，你毋須報答我甚麼，這樣我會很難受的。」

不是這樣！耶穌說：「你已深深蒙愛，甚至不需要介意有沒有甚麼報答給你。」

我們怎樣認識這種愛？

乃是藉著禱告。我們必須禱告，好讓那原初之愛觸及我們，以至我們再三去認識它。

我們藉著禱告，能夠不僅在頭腦上認知，更是在心靈裏，以及在我們之存有的核心裏明白，我們全然被愛。這是我們禱告的原因。我們禱告，以致生活為人能夠不再那麼需索、不再傷害他人、不再為求報答而向人付出；我們禱告，是為了獲得釋放與自由。

假如我們真的聽到這信息，真的在心底感受這信息，[1] 我們就是真的明白了，因為，我相信，這是耶穌信息中最具挑戰的一個。

跟從耶穌，就是活出這樣的生命：我們開始以上帝的原愛去彼此相愛，不再以需索或受傷的愛去彼此傷害。原愛是這樣的愛：有能力去愛朋友，也有能力去愛仇敵。這是屬天的愛，使我們成為「天父的兒子；因為祂叫日頭照好人，也照歹人；降雨給義人，也給不義的人。」（太五 45）

我們怎樣投身這屬天之愛？

以下讓我們探討關於婚姻、友誼、羣體的一些觀念，從而嘗試回答上述問題。我覺得對許多人來說，人際關係至關重要，但也同時帶來最大的傷害。

朋友之愛

在婚姻關係中經常出現這情況：「我愛你。你愛我。我被你深深吸引。我們不如走在一起吧。我們真是天作之合。我們何不試試一同生活，也許是一雙好搭配呢。

1. 盧雲用「心底」（guts）這個字，是按希臘文的字義去理解：希臘文 *splagchnizomai* 的字義乃是人的肝腸深處被憐憫所激動，也就是滿有慈心之意（因為希臘人認為肝腸是愛與慈憐的所在）。

也許甚至可以結為夫婦。」

幾年後，其中一人說：「我真的很想了解你，但我仍舊有種感覺，就是你還沒有讓我知道你的一切。」配偶可能說：「我不斷努力，而且已經將一切可分享的都與你分享了，也已經將一切可付出的都向你付出了。」然後對方說：「我與你一起之際，依然覺得很孤單。你好像對我們的婚姻不夠認真。」未幾，焦慮與張力增加，以至其中一人說：「也許我們需要保持一點距離。」然後另一人說：「我們再試一次吧，也許要去找誰談一談……」

這樣的愛，總帶著一絲無望的況味。雙方彼此依附，大家的需索，帶來壓迫與沮喪。

我們傾向以為人際關係是愛的起點與終點，惟按聖經所示，這不是事實。愛人，其實始於與上帝的關係。

我們能夠愛人，全因為在心底的「我」聽到了原初之愛——乃是上帝無條件、無限量的愛。在我們與人的關係中，我們察覺到對方也蒙原初之愛所愛。原初之愛，以各樣方式體現在每個人的生命裏，且召集我們一起去建立新的家、新的羣體、上帝在世的新居所。這才是婚姻的要義。這才是友誼的要義。這才是羣體的要義。真正的人際關係，總會指向上帝。

聖經告訴我們，但凡人際關係，不論是友誼、婚姻，還是羣體，都理應是一種發現——彼此同屬一份大愛，這大愛是每個人個別都盛載不盡的，卻又是眾人的指望。

關係其實是路標，指向那擁抱我們的大愛，而非指向自己。譬如婚姻之道乃是：「我們結連一起，不僅因為我們關係非比尋常，亦因為我們察覺到上帝向我們發出呼召：我們結為夫婦，乃是在世上彰顯上帝大愛的一個新方式。藉著婚盟並建立家庭，我們能夠接納新的成員，能夠款待他人，又能夠為兒女和朋友創造新的空間。這空間指向上帝，祂呼召我們結聚。」

婚姻並不是因二人深愛對方，以至藉著對方尋獲上帝。非也！婚姻乃是上帝深愛二人，以至他們能夠發現，對方是上帝臨在的活生生提示。

婚姻是奧祕：上帝愛我們，以至我們能夠一起發掘上帝的臨在如何透過彼此委身而在此時此刻彰顯於世。我們能夠忠貞，非因二人始終不變或不棄不離，非因二人是絕妙搭配或擁有相同的人生目標，乃因上帝以原初之愛將我們維繫在一起。

讓我換一個說法：按耶穌給我們的啟示，愛是人與人之間的關係。「人」這個字的英文 person 是個饒有意思的字，它的字源是拉丁文 *per*，意思是「透」(through)，加上 *sonare*，意思是「響」(to sound)——「人」是甚麼？乃是「響透者」。

甚麼在我們身上響透？乃是一個比我們本身所能盛載的更大的愛。當我們對人說：「我愛你。」真正的意思是：「你是一個窗戶，透過你，我能夠瞥見上帝無盡的愛。」我們對人說：「我真的愛你。」不等於說對方能夠給我們所需要的愛，卻是說：「你使我接觸到上帝——祂是我心底曾經遇見的那一位。我聽到你身上響透上帝的愛，這愛也在我的心裏。我的身上也響透這愛，你從心底也辨認到這愛了。」這才是一切親密關係的要義。

男與女之間、男與男之間、女與女之間、羣體成員之間的愛——人間的愛，響透上帝那無盡、無限量、無條件的愛。我們這些破碎有限制的人都是窗戶，透出上帝完全的愛——無限量、無條件、完好無缺。

有人說：「你要在他人裏看見上帝，」或是：「你要在世界裏看見上帝。」我不覺得我們能夠在世界裏看見上帝！我——亨利．盧雲——看不到甚麼啊！然而，若我曾經在心中發現上帝，或在獨處中遇見上帝，我裏面的上帝就能夠發現你裏面的上帝。這是迥然不同的觀看方式。我們發現彼此都蒙同一位上帝所愛，因此能夠聚首一堂，禮讚這份大愛——以上帝呼召我們的各種方式。

假如我們認識原初之愛，假如我們住在上帝的殿中，那位臨在我們裏面的上帝，就能夠辨認臨在他人裏面的上帝。同樣，如果我們心中有鬼魔，也會看見身邊的許多鬼魔。如果我們心中有幽暗力量，也會到處看見幽暗力量。黑心的人就會看見其他黑心的人。幽暗與幽暗響應，邪惡與邪惡相和——然而，愛與愛響應，上帝與上帝相和。

基督徒生命——成為門徒，跟從耶穌——乃是去發現上帝的臨在怎樣能夠透過我們的彼此相愛，彰顯於此時此刻。友誼、婚姻、羣體，是不同的啟示方式，讓各人認識上帝那原初、無所不包的大愛。

愛仇敵

有説法認為，愛仇敵是衡量聖潔的準繩。這是事實。我們能夠愛仇敵，就踏上邁向聖潔之路了。居於阿陀斯聖山（Mt. Athos）其中一位聞名的希臘正教修士息羅盎（Staretz Silouan, 1866～1938）也多次這樣説，又説：「為仇敵禱告，平安會臨到你。愛仇敵，就可確定上帝大愛藉主恩臨到你。」

愛仇敵，是耶穌一生的主旋律。記得祂在十字架上説的話嗎？「父啊！赦免他們；因為他們所做的，他們不曉得。」（路二十三 34）記得基督教首位殉道士司提反嗎？他在臨死之時求上帝饒恕他的仇敵：「主啊，不要將這罪歸於他們。」（徒七 60）口出饒恕的話，是愛仇敵的明證。

何謂仇敵？

仇敵就是我們所定義的敵擋我們之人——相對於幫助我們之人。我們很多人都有種莫名其妙的需要，就是將世人分為兩類：支持我們的人和反對我們的人。

但更莫名其妙的是，我們的身分，往往定奪於我們有甚麼仇敵——我們若無仇敵，就沒有存在感。我們如何被敵擋，就如何為自己下定義。我們為仇敵下定義，仇敵也為我們下定義。

這種自我身分乃是建基於一個極大的幻覺：別人怎樣描述我們、或怎樣對待我們，我們就是怎樣的人。這極大的幻覺，令我們相信自己的身分及自我乃是取決於我們的朋友及仇敵——那些喜歡我們及憎厭我們的人。這是極大的謊言。

福音的好消息，就是上帝沒有仇敵。福音告訴我們：上帝以同樣的愛、同量的愛去愛每個人。上帝的愛觸及「善良溫和的及乖僻的」(彼前二 18)。「降雨給好人義人，也降雨給歹人和不義的人。」上帝不作區分。上帝的愛是普及眾生的。

讓我們接受挑戰

務必醒覺的是，假如我們真的想以上帝的愛——而非自己那受傷、苛索的愛——去彼此相愛，就要回應主的呼召：一而再，再而三，不斷化敵為友。

仇敵之為仇敵，乃因我們將他們排除於上帝的愛之外。當我們以上帝的愛去愛人，就不可能再將人區分為兩類：配得上帝之愛的、不配得上帝之愛的。當我們終於認識上帝原初之愛，就沒有人再可以被拒於這愛之外。

馬丁·路德·金（Martin Luther King, Jr.）說：「愛是惟一能夠化敵為友的力量……愛的本質就是創造、建立。」又說：「對啊，就是愛，將要拯救我們的世界及我們的文明，這愛甚至及於仇敵。」

林肯（Abraham Lincoln）說：「當我化敵為友，豈不就是消滅了我的仇敵嗎？」

這都是擲地有聲、振聵發矇的話。

的確，我們蒙召要以上帝的愛去愛普世的同胞。「你們要完全，像你們的天父完全一樣。」（太五 48）

「你們若單愛那愛你們的人，有甚麼可酬謝的呢？就是罪人也愛那愛他們的人……你們倒要愛仇敵，也要善待他們，並要借給人不指望償還……」（路六 32～35）

要效法上帝去愛人。當我們深深植根於我們的愛——上帝的愛，我們就可以做得到。

稍停下來想想：最終毀滅我們的，就是我們的仇敵。恨仇敵，其實同時很損自己，而我們常常容讓仇敵轄制我們。

我留意到自己生命中的一件事：我不喜歡的人，之所以有能力轄制我，是因為我常常想著他們。他們充斥我的思想，所以能夠左右我的思維。我發現自己會嫉妒、埋怨，很想報復。我失去了平安。這些人是我的仇敵，這想法在腦中縈迴。

愛仇敵，是脫離仇敵轄制之道。藉著釋懷、愛仇敵、關顧仇敵，我們得以自由。

世間一樣最美之事，就是當我們藉著愛與饒恕釋放心中的仇敵，就突然能夠容讓那無限量、無所不包的上帝之愛，澆灌在自己生命裏。每當我們饒恕仇敵，就成了新的人，因為我們從心底釋放了一個忿怒的人，一個忿怒而緊抓著恐懼的人。

我們信仰的核心，是成為自由人：從仇敵轄制我們的力量中得釋放——這力量是我們昔日交付他的；也得以自由地以上帝之愛去愛每個人——這愛總願意饒恕，超過七十個七次。

仇敵之為仇敵，皆因我們還未全然看見上帝之愛。仇恨、拒絕、嫉妒、怨懟的感覺，將我們囚禁在自製的恐懼監獄中。我們成了受害者，被我們自製的仇敵傷害。然而，當我們能夠饒恕人、不再使用他者來定義自己，就能夠進到上帝的居所，就是愛的居所。愛仇敵成了認識上帝的道路，祂是原初之愛的上帝。

怎樣回應耶穌「愛仇敵」的挑戰？

有兩樣很具體的事情可以做：

為仇敵禱告

要為己所不喜歡的人禱告，是很不容易的事。但要努力嘗試！要為你不喜歡的人禱告。你真的要付諸實行。

「耶穌啊，我要為他禱告——雖然我真的受不了他。」

仇敵既存於內心，我們對付的事，是在心底的事。

這真的非常重要：你要禱告，不斷禱告。為你的仇敵禱告，你這樣做，是踐行上帝的愛。

為仇敵禱告，能夠打通一條新路，得以學到屬天的新知識，關乎人類大家庭的團結與合一。

實踐饒恕與服事的行動

無論是在婚姻或友誼或羣體中，基督徒成員若能在生活中彼此認罪、互相饒恕，彼此的關係必可持久。

不要等到心理預備好才有所行動。不要這樣！你心理還沒有準備好，反而更要付諸行動。你的行動要先於你的感覺。不要容許情緒定奪你的行動方向。

我們都對上帝的愛有所認識。我們知道上帝愛這個人，像愛我們一樣多。我們知道上帝愛這個人，像愛我們一樣深。我們可能難以相信這事實，但這並不重要，就算我們在感覺上狐疑不已，仍然可以作出具體的饒恕行動。

你要回到原初之愛裏去，這愛在你感覺受傷之前已一直存在。饒恕的行動，會顛覆你的整個生命。

我們與不喜歡的人交談，該說甚麼話才好？我們心中縱然滿有忿怒與傷痕，卻仍可以開口說一些話，表示我們願意與對方復和，即使我們未必有所回報。我們知道上帝愛那人，正如愛我們一樣多。讓我們謹記這事實、這真確的啟示。這是我們愛仇敵的起點。

愛仇敵的起點，就是按照我們的知識，作出一些小小的、具體的行動。這些行動並非本於我們的感覺。我們確然能夠按己所知道的去行事。我們知道上帝愛我們。我們可以先信靠這知識，然後我們的感覺會慢慢追上來。感覺是跟隨知識的。在今日這個感覺主導的世界，這是很重要的、必須謹記的屬靈真理。

讓我們也一同想想。我們怎樣可以在上帝的愛中成長，以屬天的愛去彼此相愛？

* * *

跟從耶穌，乃是不再「只是漫遊」或「只是呆坐」。

我們許多人一生在不斷漫遊——身體的、頭腦的——向著四面八方，又或呆坐著不知道怎樣過日子。這是一種疲憊。跟從耶穌，乃是向著正確方向邁進。我們忽然知道要往哪裏去了，人生有了比較固定的模式，焦點也逐漸校正了。

跟從耶穌，不等於被扯進某場運動中，即使那場運動極好。那場運動可以極好，甚至對我們的情緒生活有所裨益，可是跟從耶穌不止於找到一個處理情緒與自我的方法——跟從耶穌其實是拋棄屬世的自我，為要找到在耶穌裏的真我。

與普遍看法不同者，我們並非蒙召去仿效耶穌。我們蒙召是去組成一個羣體，透過各式各樣的方法，映照耶穌的大愛。沒有任何一人能夠反映耶穌大愛的豐盛完全，因此，跟從耶穌對每個人的意義各不相同，在踐行這事上有許多不同的方式與形式。基督徒羣體之所以振奮人心，皆因作主門徒的方式多而又多。我們可以是積極參與的人或默觀者，或兩者皆是。活出上帝大愛的方法可以很不一樣，有人充滿熱誠，有人比較文靜，毫不起眼。

跟從耶穌，也不等於要耶穌背著你走。跟從耶穌，不等於耶穌要提我們到天上去。很多人說：「我跟從耶穌，所以萬事如意。」又或：「我向耶穌祈求了，所以你不會遭遇麻煩。」但正如我們許多人都知道，事實並非如此簡單。

有時我們的心中或我們周遭會有所期盼，想將耶穌化為一個解答難題的人。我們以為耶穌會解決我們所有難題——難題若得不到解決，那就是我們欠缺足夠的信心。這實在不是耶穌的宏願，起碼不是福音的內容。耶穌來，不是為了救我們脫離麻煩，祂不是我們諸般窘困中的萬靈丹。耶穌不是我們的逆境終結者。耶穌並非這些。

跟從耶穌，意味**我們**要動身。要說話、生活、委身的是**我們**。要掙扎的是**我們**，必須努力的是**我們**。從某意義來說，耶穌沒有挪開我們旅途上的難關。我甚至斗膽說，跟從耶穌，意味一切都改變了，同時一切又依舊沒變。你心底也很明白：耶穌的跟從者——門徒——是過著實際生活的人，他們的人生功課，不會因為他們是門徒而變得容易了。

事實上，正如我們許多人都知道，當我們定意跟從耶穌，人生反而可能變得更艱難、更痛苦。不過同時我們也會獲得某種力量，皆因不再單靠自己去度日或面對苦難了。我們不再獨自面對自己的掙扎。我們不再為世所棄，去抵受自己的苦痛。的確，跟從耶穌，就是踏上耶穌的道路，追隨耶穌的腳蹤——在我們這黑暗、破碎、痛苦的世界中，耶穌指引我們的道路。

跟從耶穌，就是與那位全然了解我們的上帝成為同伴，活出我們的人生。「同伴」的英文 companion 源於古法文 *compaignon*，直譯是「與別人同擘餅的人」，這個古字源於兩個拉丁字：*com*，意思是「在一起」；*panis*，意思是「餅」。

跟從耶穌，就是與人同擘餅的人生，而在這人生中，有一位牧者。

獨自面對掙扎、一起面對掙扎，二者的差別豈止天壤！知道人生仍是掙扎，但不再是獨自面對，這是個嶄新的體驗。跟從耶穌的人生，是極不一樣、新而又新的人生。

我們與耶穌同行，就確知路上有旅伴——祂與我們同在。耶穌名為以馬內利，意思是上帝與我們同在，我們可以一生信靠祂，祂必指引我們的路。

主耶穌，

求祢救我脱離那許多困擾我、佔據我心靈的大小事，幫助我單單與祢一起：向祢禱告，顯揚祢，感謝祢，敬拜祢。我渴望可以更專心、更能夠聽到祢的聲音，更樂意探求關於祢的奧祕——祢的出生與人生、祢的受死與復活。主啊，求祢令我得以休息，得以安靜，求祢在這沉默中對我説話。

阿們。

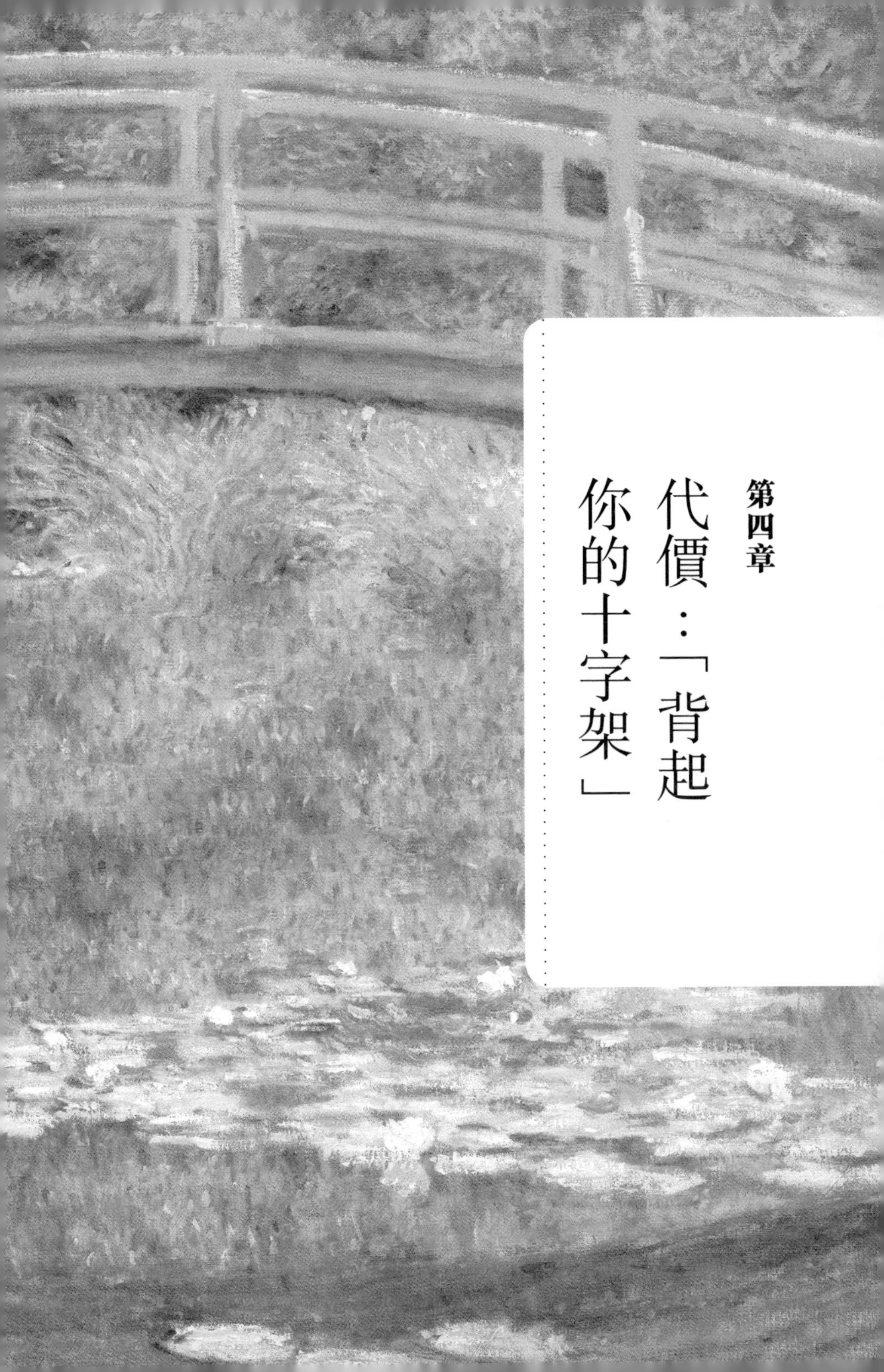

第四章

代價：「背起你的十字架」

〔耶穌說：〕「凡勞苦擔重擔的人可以到我這裏來，我就使你們得安息。我心裏柔和謙卑，你們當負我的軛，學我的樣式；這樣，你們心裏就必得享安息。因為我的軛是容易的，我的擔子是輕省的。」

（太十一28～30）

凡存在的萬物——天與地——皆受造於上帝的話。沒有任何一物不是出於上帝的話。上帝開口宣告祂的道，藉著上帝的道，萬物得以存活。

凡存在的一切，皆受造於上帝的道。上帝已經向我們發話。

上帝的道——耶穌——成了肉身，來到我們中間，住在我們太陽系一個行星的一個小國的一條小村落中。萬有皆藉著這道而生，這道成了一個人，名叫耶穌。

這箇中意義，由保羅精采活畫在我們眼前：上帝的道耶穌基督，雖然萬有皆藉著祂而造，但祂沒有緊抓著屬天的尊榮，反倒虛己，取了人的樣式。再者，祂不但成了我們一員，更順服至死，且死在十字架上。

萬有皆藉著祂而造，祂卻撇下神性，易言之，祂不緊抓屬天的尊榮，卻選擇成為我們中間的一員。祂是上帝，卻願意活出我們生命意義的極致。祂是上帝，卻願意與我們同死。祂是上帝，卻願意親身經驗人間的喜怒哀樂。祂是上帝，卻願意與我們一起面對死之荒謬。

死，委實荒謬絕倫，誰能夠真正參透？我們追求生命，但死卻無可避免。上帝願意與我們一起體悟死之荒謬，全然感受人生狀況，甚至比我們感受得更透徹。

祂的死再明顯不過——是最荒謬的死法。聖潔的上帝，赤身被釘在十字架上，兩旁各有一個罪犯同釘。這是我們基督徒所相信的無法言喻之奧祕。

但我們真的相信嗎？

萬有藉祂而造的上帝，像罪人一樣被懸掛在十字架上。祂被撇棄、殺害。藉著這死，上帝與人深深連結，超於我們所能夠相信。

甚願你聽清楚這句話，這句話非常重要，來自約翰福音。耶穌說：「我若從地上被舉起來〔指在十字架上，也在復活時〕，就要吸引萬人來歸我。」（約十二32）換言之，這屬天的「死與復活」，乃是全人類藉之得以被舉起來的行動，也就是說，全人類都被納入基督這死與復活的奧祕中。藉著耶穌的死，人類一切的壽限、破碎、疾病、傷患、混亂、愁苦、孤單，統統納入其中，也就是說，世上沒有任何一地、任何一人，不在十字架上與耶穌一同被舉起來。

萬有皆藉著上帝之道而造，而被釘十架的耶穌就是那「道」——既然如此，我們也與被釘十架的基督一同被舉起來。全人類——無論是孩童、少年、青年、成人、長者；無論來自美國、俄羅斯、亞洲、非洲、愛爾蘭、尼加拉瓜；無論是被囚的或自由的；無論身陷戰火或安享和平；無論貧窮或富貴——都透過那件曾經發生在各各他的事而一同被舉起來。不僅是此時此刻此世的人，也包括歷世歷代的人——那些在基督降世前的人，以及那些在我們以後不知還有多少個世代的人——過去、現在、將來的人，都透過基督的死與復活之奧祕，一同被舉起來。

全人類都已被釘在十字架上，沒有任何苦難——無論是孤單、忿怒、痛楚、棄絕，是上帝不曾受過的。正因如此，我們及我們的忿怒、痛楚、掙扎都在上帝裏並透過耶穌的死與復活一同被舉起來。我們——全人類——都已納入主的身體，而主是復活的主。

這道理帶來極大的盼望，並蘊含一個祕密：耶穌乃是上帝憐憫的彰顯。

你知道憐憫的英文 compassion 的來源嗎？它來自拉丁文 *com*，意思是「一同」以及 *passio*，意思是「受苦」——「一同受苦」就是「憐憫」。耶穌向我們展示一個事實：上帝是一位與我們所有人一同受苦的上帝。沒有任何一樣你或任何世人所受的苦，是上帝不曾受過的。安慰正是源於這個認知：上帝受過人世間一切苦難。

舊約聖經用作形容「憐憫」的希伯來文是 *rachuwm*，這個字源於 *rechem*，意思是「母腹」——上帝就像一個懷孕中的母親，承受腹中胎兒的苦痛。

查照福音書的希臘文原文，每當耶穌動了慈心，所用的動詞就是「憐憫」。耶穌從心底、從肚腹、從裏面深深感受百姓的哀愁與苦痛。祂看見拿因城的寡婦和她那即將下葬的兒子，心被大大觸動，就憐憫她（路七11～17）。耶穌深深體驗這母親、這寡婦、這孤單婦人的哀愁與苦痛，因此叫她兒子從死裏復活。耶穌的憐憫，成為生命的動力。

在拿因發生的事之所以重要，非因耶穌行了一個神蹟，卻在於耶穌感受到那婦人的苦難 —— **正如那婦人所感受之深** —— 因此生出一種動力，是生命的動力。正是這種與他者一同承受之苦，能觸引生命力的爆發，叫那孩童從死復生，讓那母親得回兒子。

十字架上所顯明的，正是上帝對患難中眾生的憐憫，意思是，我們蒙召要看上帝在人羣中所受之苦。每當我們看見某人受痛苦，並擔憂那人怎樣撐下去時，我們知道上帝也曾受過同樣的痛楚，且在此時此刻與那人同受痛楚。可以說，整個歷史，就是上帝受苦的詳盡紀錄與刻劃。從基督信仰而言，歷史乃是上帝受苦之深之廣的揭示 —— 同時是上帝復活之深之廣的揭示，因為在一切苦難中，你會一次又一次地看見盼望的標記。

我們的十字架

我們早上收聽新聞報道後，會深感早餐難以下嚥，更遑論上班去。新聞報道的盡是苦痛。我暗忖：「若我認真考究這些事，生活還可以撐下去嗎？」我聽聞各處的戰爭、饑荒、恐怖襲擊、環境災難，問自己說：「若我太專注於這些事上，還可以活下去嗎？」有時候，惟一生存之道是讓自己變得麻木，說：「我不可以留意這一切事，太嚴重了，我只是螳臂擋車，我自己的問題已經夠多了。」

又或者我們感到忿怒。譬如說，主日早上傳道人談及世上諸般苦難，我們整個禮拜已經從新聞報道聽到那些事，然後主日講壇的信息還是那些事——我們會有很強的無力感。「你究竟想我們怎樣回應啊？」我們覺得難受、焦躁、憤怒——這既幫不到任何人，亦常令自己變得袖手旁觀，甚至要大聲呼喊：「你不可以選擇輕鬆一點的話題嗎？」

與人類苦難對質，不會生發憐憫心，反倒會帶來忿怒、麻木、厭煩、棄絕，因為我們不懂得如何面對。苦難太難承擔了，是極重的負累，超過我們所能承受。

再者，許多的小苦難，加起來會成為重擔。這些苦難有時會惡化，進而轄制我們。

這可以是一些小事進襲，整天困擾我們。這些事可以很擾人——討厭的上司、塞車、不友善的態度、別人一句拒絕的話、工作上的失誤。這都是小事，卻足以奪去我們的喜樂。小事會化為重擔，因為這些事佔據了我們的心，揮之不去。

然後我們心力交瘁。我們常常說：「只要那件事過去，我就沒事了。」可惜總是會有某件事存在。人人總有自己的一根刺，有令自己苦不堪言的某件事情。起初可能不大明顯，但每個人心中總藏著深埋的苦痛。有時候小十字架甚至比大十字架更難背負。教會理應是充滿愛的地方，但有時候教會裏有彼此憎恨的人。在你的圈子或羣體中，有嫉妒與忿怒，令人難以消受。就在你期望有愛的地方，卻有衝突與苦痛。

那是我們覺得與上帝隔絕的時刻。一個擔子突然變重，因為它似乎與任何事都沒有關聯。負擔之為負擔，因為我們要獨自背負它，無人替我們分擔。它不是任何更大事物的一部分，它就是那樣不斷壓迫我們，壓迫完又再壓迫。

耶穌說：「背起你的十字架來跟從我。」（參路九23）祂又說：「你要擔我的擔子，它雖扛起了全世界，卻是輕省的。你要負我的軛，並將發現我的軛是容易的。」

（參太十一 30）

這是基督徒生命的奧祕：上帝來，並非要取去我們的擔子，或我們的十字架，或我們的哀愁。非也！上帝來是要邀請我們將自己的擔子與上帝的擔子相結連，將我們的苦難與上帝的苦難相結連，將我們的苦痛與上帝的苦痛相結連。

基督徒生命當中的重大邀請，就是與那位破碎至死的上帝之子，過一個結連的生命。這邀請向我們發出挑戰，我們要敢於與上帝結連。上帝願意賜我們祂的擔子——這擔子是輕省的，因為上帝已經替我們背負了它。

再者，不僅上帝憐憫我們，我們也要願意憐憫上帝——憐憫的拉丁文 *compati* 是「一同受苦」的意思，意即我們也必須與上帝一同受苦。

邀請人與上帝一同受苦，這可能是基督信仰傳統中至關宏旨之事。憐憫不僅是上帝與人一起受苦，我們更獲邀與上帝一起受苦。

亞西西的方濟各、大德蘭（Teresa of Ávila）和十架約翰（John of the Cross）都講論過憐憫。他們講論與基督一同受苦的奧祕。他們講論如何透過自己受苦，去參與上帝的受苦，並且因著這結連，他們的受苦不再帶有荒謬感。苦仍是疼痛，仍是難受，仍是磨人，仍是艱困，仍是孤單，但與十架結連了的苦，成了全新體驗。

試看那位被刺透、被壓碎的人，你會發現上帝的愛光照著你。你會感受到一股向你迸發的暖意和新意。每當看著自己的掙扎、苦痛、哀傷，壓在肩上如同重擔，請你也記得上帝之子在十字架上與你一同掙扎。你的掙扎會變成輕省的擔子，因為它是上帝的擔子，而上帝已為我們受苦。

「背起十字架」的意思，不是主動尋求苦痛，不等於主動尋求十字架，不等於主動尋求疑難。我們的疑難已經夠多，毋須再去增添。有時候我們以為「背起十字架」等於苦待自己，這不是耶穌的意思。「背起十字架」首先是承認我們在哪裏受苦，並指出這些苦來。

我們總是定睛在大問題上。我認為我們應該先定睛在自己的小問題上。

我們一生中幾乎每時每刻都在受苦。世上總有不如意事，總有苦痛是我們不知不覺、漫不經心地經歷的，但這些苦痛都是十字架，我們會背起它們嗎？會承認它們嗎？會正視它們嗎？很多時候，我們似乎更願意背起另一類的十字架，而不願意面對我們正在背起的十字架。

「那人今天沒有跟我講話，這算不得甚麼，但有點刺痛我。這是十字架，雖然不過是小小的，但我承認它是十字架。」

「我失去朋友的音訊，這有點刺痛我。我毋須漠視這傷痛，好像它根本不存在。」

饒有意思的是，僅僅能夠看見這些小掙扎，已經足以慢慢引導我們歸回自己的家，而毋須害怕會有更恐怖的事發生在我們身上。我們毋須害怕，因為我們已經能夠承認自己的掙扎，並對這掙扎十分熟悉。

耶穌說：「你要背起你的十字架。」祂不是說「你要幻想出你的十字架」、「你要造出你的十字架」、「你要追尋你的十字架」，而是說「你要背起你的十字架」，換言之，你要有勇氣去正眼看你的苦痛。

我們身處的文化，卻不斷否認這些心底的苦痛。然而，否認不會減輕任何傷痛。

我們說：「我朋友死了，我必須堅強。」

這是極痛之事。曾幾何時，人們會花很長時間哀悼逝者。他們會感受自己的苦痛，容讓哀傷的果子在心中長成。

我們有許多地方落入極真的苦痛中，我們不要漠視它，也不要否認它，而是說：「啊呀，這真是艱難，但我要正視它。」

承認它，說：「這是我感受到苦痛的地方。這是我的生命，我的生命也就是我的苦痛。我可以承受它嗎？可以辨認它並正視它嗎？我能夠過這一生，我願意過這一生。這一生有痛苦，很獨特的苦痛，卻也是屬於我的苦痛。我願意擁抱它，因為如果我繼續漠視它，將難以嘗到今生的喜樂。」

這是耶穌要求的第一件事。祂說：「背起你的十字架，背起它。」

「來跟從我。」這是祂要求的第二件事。

耶穌說：「要將背十字架成為門徒生命的一部分。你要與我結連，要與上帝之道結連。」

我們蒙召——其實是被催促——將自己的苦痛帶到十字架的醫治大能中，這是禱告生命的要義所在。我們禱告時這樣說；「主啊，我愛的人不喜歡我，實在叫我難過不已。我終於明白祢被棄絕的感受了，但願我被人棄絕的經驗，能夠與祢結連一起。」

又或者我們禱告說：「主啊，今天我充滿了恐懼。我不知道這恐懼從何而來，但我就是焦慮驚恐不已。我滿心恐懼，主啊，我要將這恐懼帶到祢跟前，帶到客西馬尼園裏，與祢的苦痛結連，以至我的恐懼成了祢的掙扎——求生的掙扎。」

或多或少，我們必須有勇氣說：「我的身體疼痛不已，主啊，我很痛啊。我不知道為何醫生不能減輕這痛楚，但我確知一事：祢知道身體痛楚是甚麼回事，祢是那位經歷過身體復活——並且身上釘痕清晰可見的上帝。手上的傷、腳上的傷、肋旁的傷。求讓我的傷痛也成為祢的傷痛，以至我的傷痛不會令我變得苦毒、怨懟、忿怒、悽慘，反倒讓我體會祢受死與復活的奧祕。我將身、心、靈都帶到你面前。我將一切的鬱結苦痛都帶到你面前。惟願我的十字架與祢的十字架合而為一，我的重擔成了祢的重擔，而這經驗使我滿有新生命與新希望。」

這就是禱告。

我有許多憂慮。你有許多憂慮。有許多事叫我們憂心忡忡。我們擔憂明天、昨天、這人、那人。然而我們可以將這一切串連起來嗎？能夠將這一切與此時此刻結連嗎？

就讓我們將這一切帶到祂跟前，祂經受過這一切的苦，並在肉身中復活。

你真的在促成這結連，令新事可以出現嗎？

若這結連促成，新事就會出現。每當我們與上帝之光結連，新事就會出現——某種更新在我們生命中發生。而當我們將自己的苦痛隔絕或隱藏——「太尷尬了，說不出口」、「太幼稚了，不能讓任何人知道」——心底重擔就會益加變大變重。

我們禱告之際，是將自己整個生命與上帝生命結連。上帝的愛能夠流經我們的血脈——屬靈的血脈——滲透我們的心靈與存有。我們會發現一種全新的存在方式。我們會以全新的方式，經歷我們的掙扎。一切區分我們生活狀況的準繩——「我好開心」、「我很憂愁」——可提升為簇新的事物。

將你的憂慮化作禱告吧。將你的恐懼與上帝的恐懼結連吧。將你的鬱結與上帝在十架之死，置放在一起去看吧。將一切帶到祂的臨在中，祂受過這一切苦，歷盡艱辛。你會發現在耶穌的臨在中，可以超越痛苦與喜樂、哀愁與歡欣。在禱告之際，你的生命與上帝的生命結連。你的生命不再一樣。

我自己曾經落入極深的鬱悶中，萬念俱灰。其時我身在美國亞利桑那州弗拉格斯塔夫市（Flagstaff, Arizona），所以去了大峽谷散心。我看到以億年計的上帝創造，突然醒悟一事：假如這些年等於一小時，我的出生在還不到一秒之前——甚至不到萬分一秒之前！

我看著前方，心想：「天啊，為甚麼問這麼多問題呢？」眼前是大峽谷難以言傳的優美景致，我心中鬱悶頓時一掃而空。我感受到安靜。在這天然奇觀之中，我對自己說：「你在擔憂甚麼呢？你好像要背負全世界的重擔——這世界在你之前早已存在，在你之後還會繼續存留很久。何不好好享受生命，好好過活呢？」

大峽谷的意象，在我心中停駐了好久。上帝就像大峽谷。上帝受過傷——全人類的傷，假若我進到這傷中，我的傷就會變成輕省的擔子、輕省的痛楚——不因為傷消失了，卻因為它被大愛包圍。我可以承受痛楚而不被痛楚毀滅；可以坦承痛楚而不被痛楚麻痺。大峽谷的經驗，讓我踏進上帝大愛的深淵，體會自己深深被愛，且被照顧周全。我獲邀進入生命，以一顆新的心——上帝的心來進入生命。

* * *

我們很多人，就算是跟從耶穌，也不過是出於恐懼。但若我們的跟從是出於恐懼——對地獄的恐懼、對煉獄的恐懼、對被棄絕的恐懼、對不獲接納的恐懼，那就根本不是跟從耶穌。出於恐懼的跟從，不可能是作耶穌門徒的方式。然而我們心中實在有許多恐懼。我有時也覺得莫名其妙：心中怎會有那麼多的恐懼？

我們問：「若不跟從祂，會有甚麼事發生？」

「當我終於走到那地步，會有甚麼事出現？我要說甚麼話？」

也許我們不肯承認，但有時候我們的心底話是：「嗯……跟從耶穌是安全的選擇，因為你不知道前路會有甚麼事發生。」

耶穌不想我們出於恐懼去跟從祂，祂想我們出於愛去跟從祂。綜觀新約聖經，我們常聽到的話是「不要害怕」——天使對撒迦利亞這樣說（路一13）；天使對馬利亞也這樣說（路一30）；耶穌復活後，在墳墓外的天使說：「不要害怕。」（太二十八5）耶穌自己也說：「你們放心，是我，不要怕！有我在的地方，你們不應害怕啊。」（太十四27）

恐懼不屬於上帝，因為上帝是原初之愛的上帝。約翰說得好：「愛既完全，就把懼怕除去。」（約壹四18）上帝之愛是完全的，足以突破我們恐懼的藩籬。耶穌說：「不要害怕，要定睛在我身上。跟從我吧。」

記得約翰福音結束前那美麗的一幕嗎？耶穌對彼得說：「西門，你愛我嗎？」彼得說：「主啊，祢知道我愛祢。」然後耶穌又問：「西門，你愛我嗎？」彼得說：「祢知道我愛祢。」不料耶穌第三次問同一問題，彼得大受困擾，說：「主啊，祢知道我愛祢。」耶穌說：「好吧，我的門徒，你餵養我的小羊，餵養我的羊。」（約二十一15～17）然後耶穌說出一段很重要的話，是我們此刻須格外留神的：「我實實在在地告訴你，你年少的時候，自己束上帶子，隨意往來；但年老的時候，你要伸出手來，別人要把你束上，帶你到不願意去的地方。」（約二十一 18）

耶穌的意思是：「當你身在愛中，真的身在愛中，你可以被引領到你不曾選擇去的地方。身在愛中的人，能夠去到自己不情願去的地方。」

耶穌顛覆了一切心理學定規。

耶穌並非說：「你年少的時候，要伸出手來，任讓別人把你束上；到你年老的時候，就可以隨意往來了。」非也！耶穌的說法剛剛相反，祂說：「你年少的時候，可以隨意往來，隨己意行事；但年老的時候，別人會帶你到你不願意去的地方。」

屬靈生命是如此一種生命：益加能夠被引領、被帶到艱難的地方，就是我們不願意去的地方。對耶穌來說，那是十字架。對彼得來說，那是十字架。對保羅及所有門徒來說，那是許多苦難。這不是自虐，不是自我鞭撻，也不是苦待自己，而是身在愛中——完完全全、徹徹底底地身在愛中，以至我們願意去本不情願去的地方。

饒有意思的是，當我們身在愛中，就感受不到他人以為我們會感受到的苦痛。假若我們真的身在愛中，就不會定睛於所受的傷害，卻會定睛於我們所愛的對象。我們會踏出一步，再一步，再一步，再一步。父母會說：「我當然會留在我患病的孩子身邊。我愛我的孩子，決不會撇下他。」旁人會說：「他們受的苦很大很深！」但他們就是有力量去陪伴患病的孩子，因為他們深愛自己的孩子。

當我們身在愛中，就能夠去到極艱難的地方，而且首先感受到的是愛，不是苦。

我不是說不會受苦，我只是說我們的注意力不在所受之苦上。其他人會說：「天啊，這是何等的苦，何等的愁！怎會有人做得到？太可怕了，我就不可能做得到。」在外人眼中，他們承受苦難的能力，委實是不可能的任務。

當我們去服事赤貧者，或生命瀕危者，或窘困者，又或我們放棄了原有的工作，去做其他更重要的事，旁人會說：「天啊，你是如何做得到的？」我們很多人都能夠回答：「我還活著啊，很容易啊，我看不到你說的那些問題。我不過在跟從主罷了。上主帶領我去那些地方去，那些地方是我從沒想過會去的。」

一個母親可能有患病的孩子，是嚴重到必須一生陪伴在旁的。她此前從沒想過自己能夠面對就此失去了自由這一事實。可是每當有人問她怎會做得到，她說：「我做得到。我不害怕。我身在愛中。我在跟從主。」

跟從我們所愛的那一位，正是「跟從耶穌」之含義所在。我們跟從祂，是出於愛，不是出於恐懼。

親愛主，

求賜我眼睛得以看見，賜我耳朵得以聽見。我知道在黑暗中有光——能使一切更新的光。我知道在患難中有新生命——能為我開出新路的新生命。我知道憂傷過後有喜樂，能夠使我的心返老還童。主啊，我知道祢存在，祢行事，祢是愛，祢的確是光明，是生命，是真理。

無論是人、工作、構想、計劃、意念、會議、建築物、畫作、音樂，還是文學，惟有當我能夠將它們視作祢臨在、祢榮耀、祢國度的反映，才可以為我帶來真正的喜樂與平安。

願我能夠這樣看，這樣聽。主啊，求讓我看見祢的異象，得以成為我人生的導巡，讓我關心的一切獲得意義。

阿們。

（引自《惟一需要之事》〔*The Only Necessary Thing*〕）

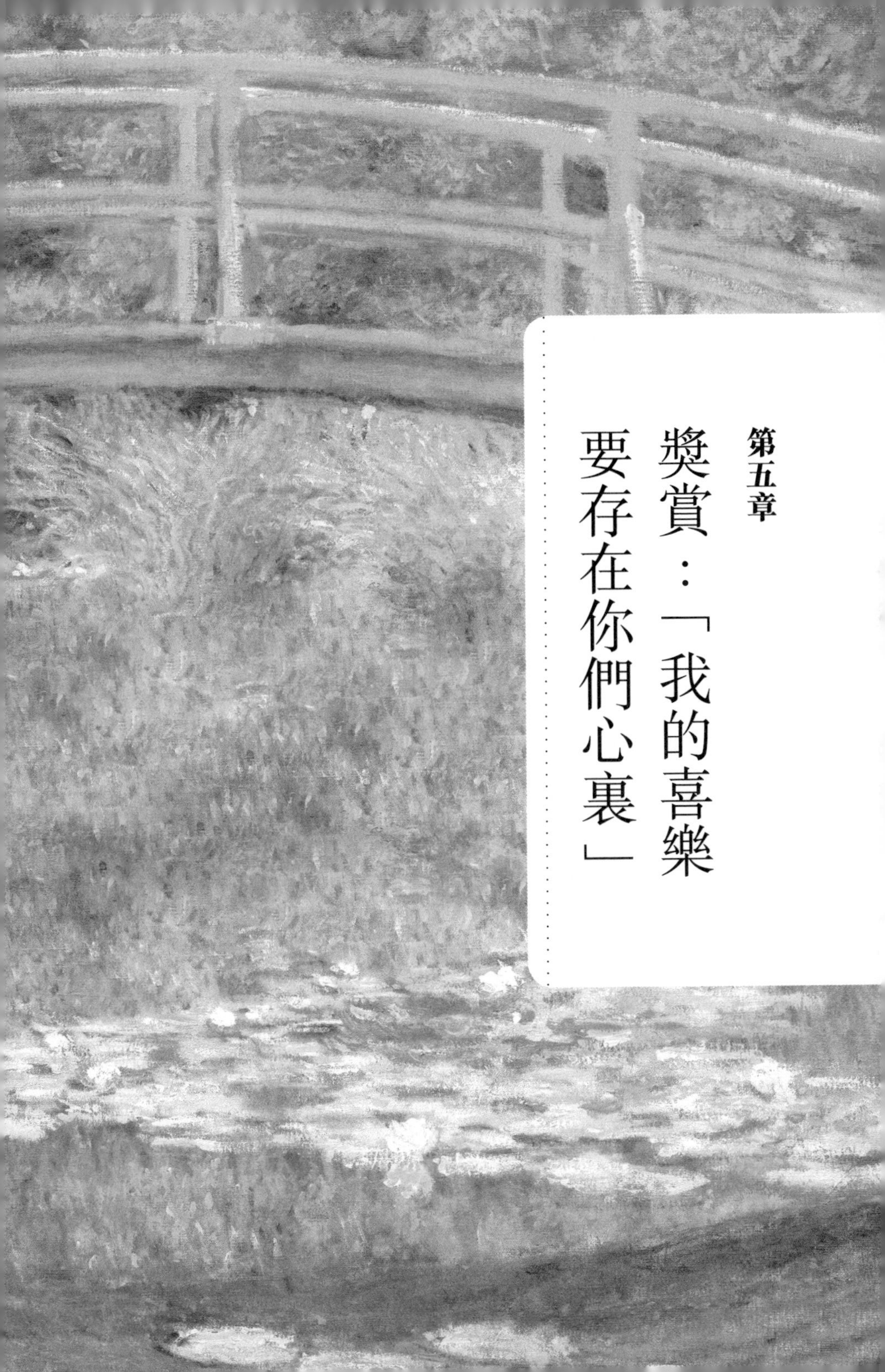

第五章
獎賞：「我的喜樂要存在你們心裏」

〔耶穌說：〕「我實實在在地告訴你們，你們將要痛哭、哀號，世人倒要喜樂；你們將要憂愁，然而你們的憂愁要變為喜樂。婦人生產的時候就憂愁，因為她的時候到了；既生了孩子，就不再記念那苦楚，因為歡喜世上生了一個人。你們現在也是憂愁，但我要再見你們，你們的心就喜樂了；這喜樂也沒有人能奪去。」

（約十六20～22）

〔耶穌說：〕「這些事我已經對你們說了，是要叫我的喜樂存在你們心裏，並叫你們的喜樂可以滿足。」

（約十五11）

跟從耶穌的獎賞是喜樂。喜樂是身在愛中的要素。我們要喜樂，因為喜樂是耶穌降世帶給我們的寶貴恩賜。

喜樂是無法言喻之物。我們講論憂愁似乎遠擅於講論喜樂。但我們必須學習談論喜樂，因為喜樂是背起十架跟從耶穌之人的寶貴獎賞。

喜樂雖難以談論，卻是個重要的題目，因為環視周遭大多數人，你會發現人人都是一臉嚴肅。嚴肅得嚇人。莫名其妙。你走到街上看，人人一臉嚴肅，人人在做嚴肅的事。不但在做嚴肅的事，而且刻不容緩，十萬火急。要在周末前完成這事，因為這事十分重要。發人深省的是，那一臉的嚴肅、肯定、陰沉，通常見於相當富有之人。記得我在神學院授課的日子，在校園裏幾乎看不見一個微笑的人。

「別打擾我，我有論文要寫，我必須保持批判性，這個非常重要。」

似乎嚴肅與成就有連帶關係。我們有這些計劃、那些目標必須達到。有計劃就要完成。我們都是萬分嚴肅地對待這些事。

我曾住在祕魯首都利馬（Lima）一個赤貧地區。有一件事，是令任何去過那地區的人難以忘懷的——而我一點沒有虛飾與誇大——就是這些身處諸般窘困的窮人，沒有一個會絮絮不休地談論自己的窘困！以下是一個小故事：

我去利馬，因我覺得可以實現一個計劃，而這計劃很棒。我打算進行一個扶貧計劃。我寄住在一個家庭，位於城緣一個名叫潘普洛納丘（Pamplona Alta）的山區。那是極貧瘠的曠野，數以千計棚屋搭建在山坡上。每天我最少要走二十分鐘的路程，從我住的地方前往我工作的禮拜堂。那是美妙絕倫的經驗：我寄住家庭的成員有帕必圖、馬利亞、蘇菲亞、帕拉布、小約翰。每當我走出他們的居所，鄰家小孩子就會鑽出來，喊著說：「小神父，小神父。」他們會抓住我不放，因為好久沒見過像我這樣從美國來的高個子了！霎眼之間，我給小孩子團團團圍住，他們不讓我走。

「放手啊，我要去幫窮人啊！」

他們真的不讓我走。他們把我扳住，我只好坐在沙地上。孩子們在看我、摸我、按我的腿。有一個孩子檢查我的嘴巴，說：「唷！你的嘴巴好大啊！」他們有我在身邊就興奮莫名了，而我腦中只記掛著我的五年大計。

「我要走了，我要去幫窮人哦！」

他們抓著我，說：「你跟我們玩啊，你看不到今天天氣多好嗎？」

這些小孩子似在告訴我，如果世上有任何事值得做，就是我眼下這事了。就在此時此刻。

「我們打球吧。我們笑一笑吧。我們笑個痛快吧。」

他們在大笑、狂叫、爬來爬去、盡情作樂。太神奇了，他們真懂得歡慶啊！

這些孩子令我領悟到，我們其實是在參與一種反向的傳道工作，就是拉丁美洲受苦的人向我們這些身在北美的人傳道，向我們展示一個事實：患難與苦困，不一定與喜樂絕緣；笑聲與遊戲，是屬天的醫治。

我不是說逼迫、飢餓、貧窮不需要消弭——但如果我們連身處赤貧之孩童的喜樂也不能夠領略得到，我們還有甚麼談得上能夠給予他們的呢？

我們且不要太嚴肅——彷彿惟獨我們有能力拯救世界。惟獨上帝有能力拯救世界！這是我們能夠保有喜樂的理由。

講論喜樂是難的。我在荷蘭的一位教授，花了三年來講論焦慮。我和他審視過祁克果（Søren Kierkegaard）、沙特（Jean-Paul Sartre）和卡繆（Albert Camus），還有許多一生以焦慮為著作主題的學者與作者，然後我問他：「可以用喜樂為題，講一堂課嗎？」他說：「試過了，但沒有甚麼好講的。」

我的腿感到痛楚，我懂得描述它，我有許多字眼可以用來形容箇中的痛楚。我的腿若不痛，我就根本不會想起它。我若健康安好，我不會特別提起。我的形容詞很有限。用作描述焦慮的字眼，比用作描述喜樂的多出太多了。也許這反映了喜樂的可貴。也許我們對喜樂的體驗，遠比我們以為的多。也許喜樂生活正是我們所求的。也許喜樂太普遍了，我們根本毋須談論它。

以下我用作講論喜樂的字眼是狂喜（ecstasy）。這個字是范尼雲（Jean Vanier）贈我的。范尼雲是加拿大人，他創辦了一個遍佈世界的社羣，專門服事智障人士。他曾説自從服事智障人士後，發覺他們才是最有權獲得狂喜的一羣。他告訴我説，所有殘疾人士的生命都應該充滿狂喜。

自此我反覆思量，終於發現狂喜的英文 ecstasy 意思為離開（“ec”）靜止（“static”）的地方。所謂狂喜，乃是離開靜止、始終如一的事物。充滿狂喜的生命，就是不斷離開死板固定的處境，去到新的地方。我們不滿足於舊事舊物。喜樂就是不斷地離開死亡之地——所有事物靜止不變、不動不移之地。生命中一切都在變。看見生命，就是看見轉變。當事物不再轉變，就是死亡之兆。我們僵化、硬化、死去。我們務須留神的是：喜樂乃是奔向生命、逃離不變的地方。喜樂總是關乎經驗新的生命。

喜樂與「新」結連。沒有人説：「噯！又有舊的喜樂出現了。」不會這樣！憂愁會有舊的，喜樂卻只有新的，不會有舊的。

我們説：「那令人好興奮啊，對不對？」新，總能令你覺得美好、前所未見、生意盎然。對嬰孩來說，每一天都是新的。孩子不再是舊的孩子，孩子總在成長。

喜樂就是生命，因為生命的精義，就是離開舊的靜止地方，去到新的動態地方。

足下的大挑戰，是前去領取耶穌賜予我們的喜樂。耶穌是活人的上帝。耶穌來要賜人生命，並且是豐盛的生命。耶穌來要斷開傷痛與需索的鎖鏈，並且勝過死亡的權勢。耶穌來要賜人生命，而生命就是喜樂。「我……要叫我的喜樂存在你們心裏，並叫你們的喜樂可以滿足。」（約十五 11）耶穌說：「我來要勝過死亡的權勢，並賜你們永生。」

但要這樣過活並不容易，因為我們心底有恐懼。通往喜樂之路有攔阻。我們心底有種誘惑，要我們選擇死，不選擇生；選擇固定之地，不選擇喜樂之地。恐懼令我們這樣選擇。恐懼令我們停留在固定之地。恐懼令我們留在平庸的、尋常的、感覺安全的地方。

我們恐懼時會有兩種反應，其一是依樣葫蘆墨守成規，其二是心慌意亂不知所措。前者稱為習慣行為，後者稱為無定向行為。二者都關乎恐懼。

習慣行為

試想想，當我們受嚇，就會選擇熟悉的、慣見的回應模式。我們說：「這是我在這裏向來的做法，所以別再談論新意念好了。」「日光之下無新事。」「我已經處理了，就別再碰這事好了。」「你要知道，這種事我有經驗，所以我會用同樣的方法處理。」

恐懼使人明哲保身。有些人寧可接受少許麻煩——卻安全——而不願意選擇須冒險的復甦機會。有些人寧可不斷埋怨，甚至將埋怨化作安全感。被問到：「近來好嗎？」他們會這樣回答：「還可以吧，但要埋怨的事也不少……近來我其實不是那麼好！」奇怪的是，我們彷彿可從埋怨獲得某種滿足感。

我們說別人壞話，或說自己壞話，或埋怨自己身體不好或甚麼不好。我們自覺安全，因為可以留在某處說東說西。我們可以圍爐取暖，怨天尤人，在埋怨、閒言閒語中，感受到少許安全感——「不好啊，也不會好轉，我們就這樣坐著好了。世事就是如此，我們再坐一會吧。」

當我們決定不作出行動，就會獲得某種安全感。「我們老樣子就好了，無論如何不可能變好的了，大家面對現實吧。」

我們恐懼之時，會不斷選擇安全感——當我們發現這事實，腦海中會立時泛起許多例證；並且不僅個人選擇如是，社會的集體選擇也如是。我們開始明白，世人對安全感的追求，其實與恐懼密切相關。

我們製造炸彈是為求安全，保衛自己免受敵人侵襲。但我們也明白其實在炸彈引爆之前，我們對安全的擔憂早已迫死自己——我們變得僵化硬化。

單單是對戰爭的恐懼，已足以帶來極大的破壞——在我們兒女中，在我們頭腦中，在我們心靈中。這恐懼既是因又是果，令我們失卻活下去的勇氣，只顧不斷關心自己的安全。我們用了許多金錢、時間、才智、精力去迎接一場可能永不發生的戰爭——這足以摧毀我們的頭腦和心靈，使我們屈從於死亡的權勢下。這實在危險不過。

而且此中沒有絲毫喜樂可言。

我們愈將安全看為至關重要，就愈難獲得喜樂。要喜樂，就要跳出安全之地，嘗試新事新物。

要不斷遠離恐懼，選擇喜樂，這是一項必須堅持的操練。我們必須不斷作出抉選：要安全，還是要自由、喜樂、生命？

無定向行為

面對恐懼的另一種反應，與安全或習慣無關，且恰恰相反——乃是無定向的。

恐懼不僅使人依附安全地帶，也有可能驅使我們四散奔逃。有人嚇破了膽，不敢再做習慣之事，於是亂作一團，東奔西跑。他們失了根，斷了錨，到處竄逃，不知所措。他們似乎被恐懼轄制了，自己天天在做甚麼也不知曉。

他們不過在世上流連。他們在這裏做點事，在那裏做點事，在這裏尋求點刺激，又到那裏尋求點刺激——濫交、酗酒、嗑藥，這般痛快那般痛快，總之無論身在何方，都沒有家的感覺。他們失去了根。他們到處遊蕩。

這不是喜樂。這不是自由。

若我們沒有錨，就會到處亂跑亂做事情，而沒有可稱為家的地方。若我們沒有在家的感覺，一切變動都不會有喜樂在其中。

耶穌曾經詳述這事。祂曾告訴我們：「在世界的末了，人們驚惶失措，說東道西，你們不要信；有人貪食、醉酒，你們要謹慎，不要跟從他們。」祂又說：「你們要時時警醒，常常祈求，得以站立在人子面前。」耶穌意思是說：「你們要信心堅固，站立得穩，同心合意，常在愛中。」

恐懼使人持守著固有的、習慣的行事方式；又或者嚇怕了我們，驅使我們自亂陣腳，到處流竄。這兩種行為都與耶穌所講的基督徒喜樂有天壤之別。

喜樂

何謂喜樂？何謂真正的狂喜？

讓我們看看耶穌片刻。不知道耶穌曾否搞笑過呢？應該沒有吧。我甚至不知道祂是否快樂，但祂肯定充滿喜樂。耶穌的喜樂，來自祂與上帝永不間斷的親密關係。喜樂的源頭，是與天父的契合。喜樂源於耶穌與天父的彼此相屬。耶穌說：「你可能會離我而去，人人都可能會忘記我，但天父不會離我而去，天父是守信的，天父與我同在。」

試試領悟耶穌的話。耶穌談及深度的歸屬感。深度的聆聽。「聽命」的意思，乃是全人投入的聆聽；它的英文 obedience 源於拉丁文 *obaudire*，意思是小心聆聽。耶穌是聽命者，祂總是聆聽天父的話，總是與祂的源頭保持結連。祂永不會感到自己是孤身一人。就算人們出賣祂，將祂釘十字架，向祂的臉吐口水，鞭打祂，祂也不會失去與上帝的結連。甚至當祂完全感受不到這結連之時，這連結也不會失落。當祂呼喊：「我的上帝，我的上帝，為甚麼離棄我？」祂無疑感受不到上帝的臨在，但祂仍然知道上帝與祂同在。祂說：「我的天父沒有撇下我。」祂的喜樂植根於此，植根於這結連中。

耶穌能夠在最艱困的情況中來去自如——不但是身體上、精神上，也更是心靈上——祂能夠不斷找到新的行動方案去愛，因為祂與上帝緊緊結連著。面對僵化的、上帝不再悅納的常規，祂會不斷挑戰並予以打破；祂對法利賽人的批判，正是出於這原因。

對那些生活無定向的人，耶穌也提出警告：「你們要常在我裏面，我也常在你們裏面。我愛你們，正如父愛我一樣。」耶穌這話論及人心要怎樣並與甚麼結連——耶穌自己從這結連獲得生命活力，所以能夠出死入生。耶穌所賜的喜樂不是快樂，不是感到興奮。喜樂不是這個。耶穌的喜樂，從來不與憂愁斷然分開。

世界很奇怪，總是將憂愁與喜樂的經驗斷然分開：哀是哀，樂是樂。有人說：「人生在世這麼悲慘，我們要增添些快樂時刻在其中，才可以活下去！」就像歡樂時光（happy hour）。「讓我們製造片刻快樂，忘記哀愁。」有人說：「人生基本上就是憂愁、鬱悶、悲慘，讓我們造出小小快樂空間吧！」很多商品應運而生。商家製造各種小玩意，為你帶來片刻愉悅。然而，耶穌談及的喜樂，與這些稍縱即逝的歡愉，當然不可同日而語。

喜樂也不是「無定向」與「常規」之間的一種「致樂中介」（happy medium）。並非如此。喜樂不是人生苦困中的短期休假。喜樂也不是用來逃避世間困苦的。耶穌賜予的喜樂是屬靈的，不僅關乎情緒，也不僅關乎物質，乃是屬靈恩賜。喜樂是恩賜。

喜樂是常存的恩賜——就算我們在哀愁中，就算我們在痛苦中，就算我們的人生險阻重重。耶穌賜予的喜樂，是在極端艱困景況中仍可享有的喜樂。我曾遇過一些人，他們所曾經歷的事，客觀來說，難免叫我暗忖：「啊呀，你在這樣的哀愁苦困中怎麼還能夠撐下去？」然而他們就是享有一種喜樂，是毫不取決於每天境遇的。這箇中有更深邃的東西——是極親密的結連關係。

我們務須開始領悟關於靈命的道理是：喜樂乃是擁抱哀愁與快樂、痛苦與歡愉。它總是更為深邃、更為豐裕的。它總是多而又多。它總存留在我們裏面。它是屬上帝的、宏大的。就算我們身陷生命中至痛至苦之時，仍能夠嘗到它。教會若有甚麼道理想我們懂得，這個雖不中亦不遠矣：上帝的喜樂可以時刻與我們同在——無論在疾病中健康中、成功中失敗中、是生是死。上帝的喜樂，永不離開我們。

我們偶爾會瞥見這喜樂。例如我們與那些從事臨終服務的人交談，會發現他們滿有喜樂。還有那些在安養院或護老院工作的人，他們天天面對死亡或其他所謂「哀傷」的景況，但他們通常都是大有喜樂的人。我們知道他們心中的喜樂是不一樣的喜樂，是超越成與敗、生與死的。我們又會遇到一些人，在最窮困的貧民窟工作，他們來到美國或甚麼富裕地方，倒會急於回到工作的地方去。這是為甚麼呢？這並不是因為他們喜愛慘事。他們只是學會了在生活中得喜樂的方法——他們的喜樂是無人可以奪去的，即使與窮人一起生活也滿有喜樂。事實上，患難令他們與自己的喜樂結連，而這喜樂乃是任何物質都不能取代的。這是真正的快樂。

我們必須明白，論到靈命，其實是跟世人所教授的道理迥然不同。耳畔不住響起聲音，告訴我們必須擁有世間的成就，但耶穌說：「與我一起去虛心、傷心的人當中，你就會找到喜樂。虛心的人有福了，哀慟的人有福了，受逼迫的人有福了。虛心、使人和睦的人、受逼迫的人有福了。」整件事顛覆了，因為在上帝眼裏，喜樂是藏於哀愁之中。

喜樂是藏於人類的痛苦之中。我們委實可以仰望十字架上的耶穌，看著祂被釘在其上，說：「我的喜樂繫於十字架。」我們能夠宣告十字架是盼望的標記，因為知道愈靠近十字架，就愈靠近新生命。或多或少，我們所經驗的哀愁就像生產之痛。我們感覺到新生命即將迸發。你我生命中的愁苦與患難，乃是迸發新事新物的途徑。

當我們更深入、更全面地進入自己的痛苦現實中，這喜樂就在我們心中躍動，正如伊利莎白腹中的胎，在她裏面歡欣躍動一樣。這不是說伊利莎白沒有哀愁，而是她知道有喜樂從她的哀愁生出。生命的奧祕，乃是耶穌降世與我們一起受苦，好讓我們獲得喜樂。耶穌來，並非讓我們不再受苦，而是為了讓我們嘗到永生的滋味，還有上帝所賜的恆久喜樂。這些都已經存於世上，且在此時此刻。

當我們學會面對自己的痛苦處境，就會發現隱藏在苦痛中的珍寶，乃是此時此刻留待我們去體驗的喜樂。

這種體會是至關重要的。這正是屬靈生命——與上帝同在的生命——之宏旨。屬靈生命就是與愛連繫，讓這愛化作我們心中的喜樂。只要我們尋到心中這境界，就能夠體會到有一股雄渾的強流，在一切起伏之下流動——在諸般波動底下，是一道屬天的穩定洪流，稱為喜樂。那撫慰我們並向我們說話的愛，是可以信靠的愛，是上帝的愛——這愛就在這裏。這愛無人能夠從我們心中奪去。所有聖徒都談論過這愛。所有受過苦的人都談論過這愛。這是家，是歸宿，是上帝的地方，是獲得安全的地方。在這裏世界不能操控你。耶穌說：「你不屬世界，你屬上帝，你屬我，你屬聖父，你屬聖靈，你蒙召活在世界，卻不屬世界。」

怎樣可以喜樂？怎樣將喜樂帶進生命？

有一個詞，與我們的討論，關係極其密切。

那個詞是「歡慶」(celebrate)。

歡慶的首個定義，是活在喜樂中。歡慶是我們蒙召去做之事。我們蒙召以歡慶來操練喜樂。

我們必須學習歡慶生命之道。歡慶生命不是聯歡作樂，而是不斷意識到每時每刻俱為特別，因此需要高舉每個時刻，並將之確認為從上而來的福氣。記得我探望范尼雲的日子，見到他和同住的智障人士整天都在歡慶。其實教會也常邀請我們歡慶：聖誕節、主顯節、復活節、預苦期、五旬節——我們歡慶教會節期。我們歡慶生日及周年紀念，還有感恩節及其他紀念日。我們有許多歡慶的日子。

但這不過是歡慶的一部分，我們要繼續深究。歡慶，就是高舉一些時刻，宣告說：「這是上帝的時刻。」歡慶是高舉今天，說：「這是上主所定的日子。」不僅是在感恩節，也在禮拜一的清晨。讓我們歡喜快樂。讓我們歡慶！若我們能夠歡慶生命——而非僅僅歡慶特別節期——就會發現生命中有許多值得開心的時刻。我們會發現有些事情正在發生，有些事情漸見曙光，我們理應歡慶。

讓我告訴你另一個故事：

如前所述，我曾經在祕魯的貧民窟住過，那裏的居民家徒四壁。由於沒有房間可以給我下榻，他們便在屋頂放置牀鋪，我就睡在那裏。祕魯是不大降雨的地方，天上總有浮雲，但不會下雨。我在那裏住了幾個月後，有一天我告訴他們：「下個禮拜我要走了。」他們卻是毫不在意，因為我還在，還沒有走。他們不覺得實在。然後到了周末早晨，我說：「我一個鐘頭後要走了。」我把行李箱放在門前，他們終於感覺到我真的要走了。他們愛我，我也愛他們，所以那家人的母親蘇菲亞給了兒子小約翰一點錢，他就跑去買東西。時近正午，我的巴士三十分鐘後就要開出了，所以我緊張起來。終於小約翰回來了，手中拿著一大瓶汽水，還有兩塊曲奇餅。他說：「我們來慶祝吧！」他將汽水倒在全家惟一的玻璃杯裏，遞給各人輪流喝；然後將曲奇餅擘開，給大家分著吃。十三歲的帕必圖提議說：「我們來點音樂吧！」他們有一台不知哪裏找來的破舊唱片播放機，於是房子忽然音樂悠揚。他又說：「我們跳舞吧！」十二點鐘了，我必須在十五分鐘內離開，但這舞會才剛開始。一點汽水，一點曲奇餅、一點舞蹈。我們笑著跳著，在歡樂中道別。他們替我拿行李箱，所有人陪我走到巴士站。那是一個盛大的歡送會，我忽然醒悟：我們剛舉行了一次聖餐聚會。

他們擁有何等的恩賜，讓我體會到喜樂。我曾體會到他們的貧窮、難題、醫療需要——這些都是確實的需要，有待施以援手，但在如此景況中，他們依舊大有喜樂。

歡慶不僅限於慶祝好時光。狂喜式喜樂擁抱生命中的一切，不會避卻痛苦時刻、離別，甚至死亡。我們歡慶死亡，不因為死亡是好事，而是因為死亡對我們沒有終極的權勢。死亡竟也能結出佳美的果子。

我們可以歡慶苦痛，不因為苦痛是好事，而是因為我們可以帶著傷痛來禱告、擘餅。艱難時刻得以高舉——以感恩的心高舉。

歡慶其實是一種感恩的表達。死亡並非終極的勝者。甚至憂患、苦痛、掙扎、戰爭，這一切都並非終極的權勢。上帝是活人的上帝。

「你會得生命，並且得著更豐盛的生命。」

對殘疾人士而言，人生可以很窘迫。然而范尼雲及同住的殘疾人士總能找到歡慶的理由。他們的院舍總不乏小蠟燭、裝飾物、鮮花和歌曲。他們的每一天都在感恩中度過，每一天都稱謝那位賜生命的主。

我們愈多歡慶，愈加明白我們彼此結連。歡慶能夠創造羣體。歡慶是天國在世間傳揚的第一個標記。歡慶是活出對生命之主的信靠，不論當中是笑聲或眼淚。歡慶將喜樂呈現，這喜樂原是我們一切表面起伏之下的深流。

耶穌賜我們喜樂，不僅在將來，也更在此刻；不僅在歡樂時刻，也在我們的哀愁中。喜樂藏於我們的患難中，呈現於我們的羣體生命中。

* * *

另一個跟從耶穌的向度，可能要再三考量才可以明瞭：跟從耶穌，並不等於只是跟從那活在二千年前的耶穌。有人說：「但願我能夠活在昔日那年代！要我想像二千年前的耶穌，太難了。我必須憑空想像這位遠古年代的人物，而我從未見過祂。我只能夠用追憶去跟從這位拿撒勒人耶穌。我只能盡力按祂以前所吩咐的，應用在我們今日的此情此境。」

然而跟從耶穌遠超於跟從關於對某人的回憶，遠超於跟從一個想像中、夢境中、構思中的人物。跟從耶穌，乃是跟從復活的主。跟從耶穌，乃是跟從歷史之主——祂是此時此刻與我們同在的主。這不是一種純感性的回憶，也不是對一個不大認識之人的敬虔反應。非也！跟從耶穌，乃是得到那位此時此刻與我們同在的上帝帶領，這位主確實臨在我們當中，祂曾經從死裏復活，成為萬民、萬代的主，因此也是今在、此時此地的主。

能夠作出這分辨，至關重要。

在我家中有一幅購自耶路撒冷的魯布烈夫（Andrei Rublev）繪畫的聖像畫作，以復活主基督為題。畫中的不僅是拿撒勒人耶穌，更是復活的主。主曾經道成肉身，住在拿撒勒、伯利恆、耶路撒冷——住在我們中間，且從死裏復活，得著超乎萬名的名，萬膝都要跪拜，稱祂為主。

這幅聖像成了我小教堂的重要裝飾。我想你明白的是，你我蒙召去跟從的是歷史之主、復活的主，是通往天堂的門、通往永生的門；祂是道路、真理、生命；是上帝的獨生子，滿有尊貴榮耀；祂是豐盛生命的賜予者；是我們的主，不斷吸引我們靠向上帝生命之奧祕。祂不是你的泛泛之交，偶爾談談笑笑。那不是屬靈生命。祂是主，呼召你與上帝相交。

細看這聖像的雙眼，目光相當淩厲，但在目光背後，是上帝永恆的大愛。這位耶穌並非按你心意伴你出入的耶穌，而是帶領你進入永生的耶穌。求告歷史之主，跟從歷史之主，你會被吸引靠向上帝永恆大愛的奧祕。你若以這聖像禱告，會發現這位目光凌厲的主——祂嚴肅，因為祂是審判者；但祂也溫柔，因為祂是滿有憐憫的主。這位主大有慈愛，也呼召你去愛。祂是真理之主，美善之主。你會發現跟從耶穌，乃是跟從這樣的一位主：祂天天與你說話，呼召你不斷與上帝建立深而又深的關係。

跟從耶穌，乃是益加進入與上帝契合的奧祕中。上帝成了肉身，好讓我們蒙帶領——藉著祂、與祂一起、在祂裏面、在父神的榮耀中、在聖靈的團契裏。復活主的聖像，提醒我們所共有的重要召命——不斷靠向這重大奧祕，並在其中成長。

主耶穌，

在繁忙工作及諸般世務中，願我能夠定睛在你身上。祢是主，呼召我進祢的國度，靠祢獲得安息。祢是主，呼召我歸信祢，獲得新生命與新盼望。主啊，感謝祢呼召我，求祢更新我，讓人藉著我得醫治，並找到新生命。

阿們。

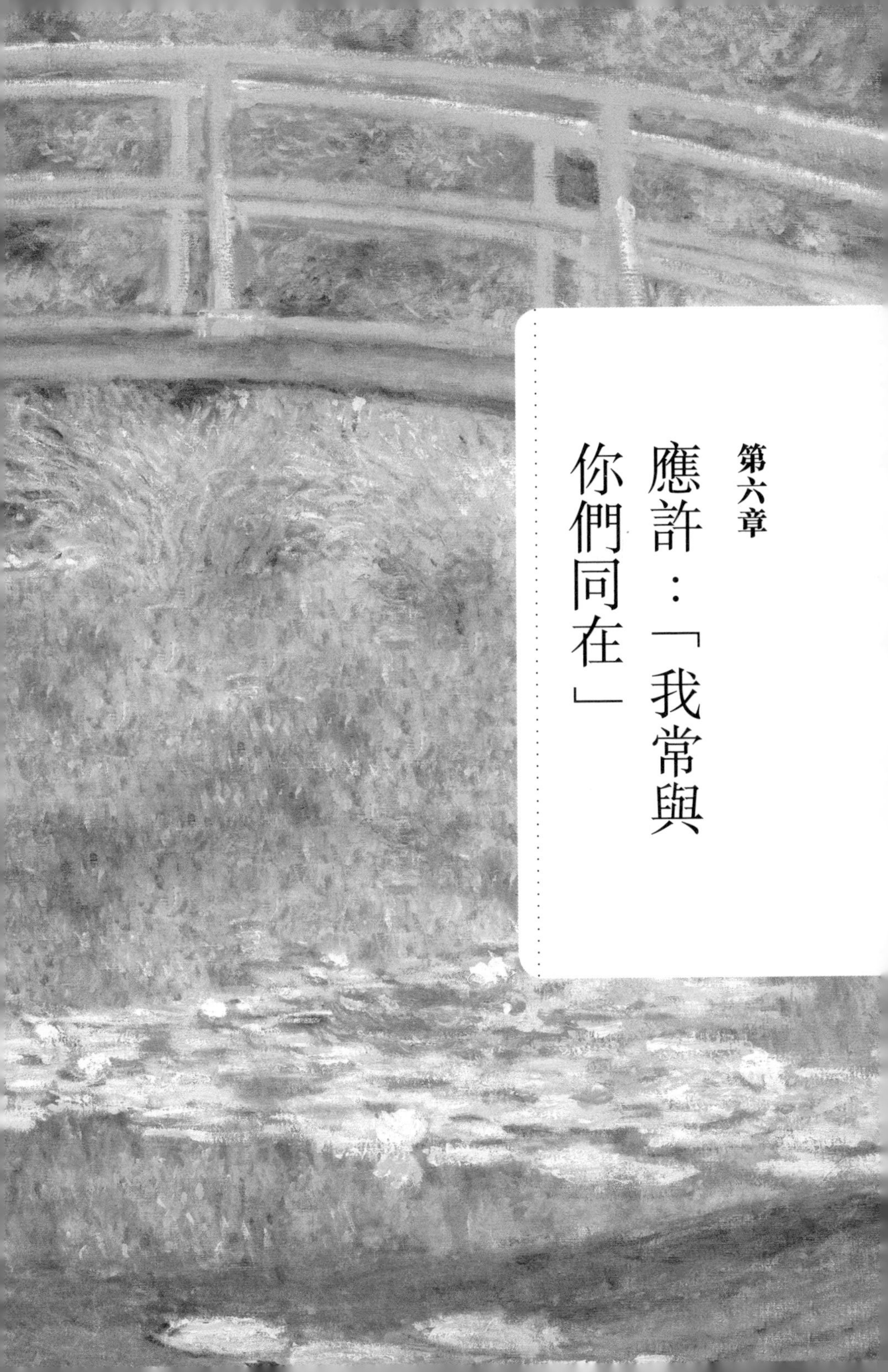

第六章

應許：「我常與你們同在」

（耶穌對門徒說：）「然而，我將真情告訴你們，我去是與你們有益的；我若不去，保惠師就不到你們這裏來；我若去，就差祂來。……我要求父，父就另外賜給你們一位保惠師，叫祂永遠與你們同在，就是真理的聖靈，乃世人不能接受的；因為不見祂，也不認識祂。你們卻認識祂，因祂常與你們同在，也要在你們裏面。」

（約十六7，十四16～17）

耶穌進前來，對他們說：「天上地下所有的權柄都賜給我了。所以，你們要去，使萬民作我的門徒，奉父、子、聖靈的名給他們施洗。凡我所吩咐你們的，都教訓他們遵守，我就常與你們同在，直到世界的末了。」

（太二十八18～20）

上帝首度向人揭示祂的名，是在燃燒的荊棘中向摩西說話之時：「我名為『我在／我是』。[1] 我是亞伯拉罕的上帝，以撒的上帝，雅各的上帝。」（出三6）換言之，當上帝向祂的子民啟示自己時，稱自己為與祂子民同在的上帝，因為「**我在／我是**」的意思就是「我是與你同在的那一位」，亦可解作「**我是**守信的上帝，與你同行的上帝」、「我是那位來到與你同在並一直與你同在的上帝。**我在**。**我是**向你守信的那一位。」

「**我在**」的意思是「一直跟你在一起的那一位」、「不會撇下你為孤兒的那一位」、「與你同行走過曠野、幫你獲得新生命的那一位」。上帝說：「**我是**你的伴侶，

1. 「我是」參《新漢語譯本》出三14的譯文；《和合本》譯為「自有永有的」。——譯註

旅途中的同行者。我是愛你的上帝，時刻與你同在。我在夜間成為火柱，讓你找到前路。我在日間成為雲柱，讓你走向應許之地。我是你的上帝，永不會撇下你為孤兒，總會與你同在，引領你的前路。」

基督信仰其中一樣最美好的是：耶穌名為「以馬內利」——上帝與我們同在。透過耶穌，我們可以知道上帝的應許是認真的：祂願意與我們同在，留在我們身邊。透過耶穌，我們更清楚看見上帝的信實，因為上帝成了肉身，住在我們中間。祂的帳棚支搭在我們當中。祂住在我們當中。祂不想與我們保持距離。祂想成為我們一分子。

上帝與我們同在。以馬內利。

因此，我們從耶穌身上所看見的上帝，是那位甚至比祂子民所想像的更願意親近他們的上帝。福音的大好信息，正是上帝願意與我們同在，分擔我們的掙扎，走我們的路，受我們的苦，為我們受死，以致我們能夠說：「人要經歷的事，沒有一樣是上帝不與我們分嘗的。」這真是大好信息：上帝在人生各方面都與我們同在。

還有一個奧祕，是我們很少全然明瞭、甚或想起的：耶穌並非上帝最後的話，在祂之後還有後話。上帝還有一個與我們同在的方式，是更美好的。耶穌對我們說：「我去是與你們有益的，我若去，就差保惠師聖靈到你們這裏來，住在你們裏面。」（參看約十六 7）在此耶穌向我們啟示：上帝願意以一個極親密、極個人的方式與我們同在，甚至我們可以說上帝住在我們裏面——如此親密的程度。「上帝與我們同在」，這上帝在舊約聖經中與我們同行，同甘共苦。上帝也是與我們同呼吸的上帝，我們所呼吸的是上帝的靈。

還有甚麼溝通交往可比呼吸更親密？你可以想像得到嗎？這溝通交往是那樣深刻而親密，你甚至不曾認真考量過它。你不會說：「我今天呼吸得很好。」你不會這樣說，因為它太親密了，因為你的呼吸就是你，二者難以區分。這就是上帝所選擇的親密程度，上帝成為我們的呼吸。「靈」的希臘文 *pneuma* 意思就是呼吸。

耶穌說：「我去，對你們是好事，因為我可以將我的呼吸給你們，讓你們親自呼吸我的生命。」但要到耶穌最後說出以下這話：「我就常與你們同在，直到世界的末了」，我們才開始明白祂的意思。祂的意思是：「我會與你們很親密地同在，我們合而為一。你可以與我同呼同吸，可以宣告：『如今活著的不再是我，乃是基督在我裏面活著。』」

你我蒙召，要成為小基督——在世上活出上帝的樣式。上帝住在我們裏面，那親密的程度，足以令我們在世上彰顯上帝的榮耀。這是極大的奧祕。這是極大的應許。這是賜下聖靈的應許。

怎樣回應應許？

耶穌說：「我常與你們同在。」我們必須反思耶穌所說的「同在」的確切意思，並這與我們的關係。我想從三方面說明。首先，我想談論上帝不在中的臨在。其次，我想談論上帝的臨在如何在我們心中觸發對將來的渴慕，因此推動我們向前。最後，我想談論一種臨在，是我們可以在日常生活中確實地操練的。

不在中的臨在

有時某人不但透過同在而與我們日漸親近，也可以透過不在與我們日漸親近。我們與人日漸親近，可以透過同在，也可以透過不在；可以透過相聚，也可以透過離散。透過不斷的散與聚，我們與人日漸親近。

在此我想大家停下片刻來感受一下，因為這正是我們接觸靈命之奧祕的機會。

讓我給你一些例子。

你離開父母 —— 也正是在離開家居及親人之後，你才會以新的眼光看他們，並經驗一種新的親密感受。

這是我的親身體驗。我在荷蘭長大，當我移居美國時，必須離開父母，但因著分開，反而讓我以全新的方式與他們接觸。我們感受到一種新的親密、新的契合。我有點覺得當我與他們一起時，反而不及我遠離他們時更能看見他們多麼愛我；惟有當我從遠距離看，反而更清楚、更深刻體會他們的愛。昔日我們一起在廚房或客廳，一切感覺稀疏平常，但當我踏開一步，反而看到、察覺到一些前所未見、從未察覺的東西。藉著分開，我與他們的關係加深了。

讓我給你另一個例子。

我們探望某人，不過閒話家常，但很有意思的是，那次探望留下的記憶，很多時與那次探望本身同樣深刻。被探望的病者可能會說：「我病了，他來了探望我。」在探望者離去後，可能病者心中會泛起一份感激與愛意，是與探望者同在時感受不到的。因此彼此探望是重要的事：不因為在探望中有甚麼大事發生，而是因為分開後與相聚時同樣重要。我們探望患病的朋友時可以這樣說：「我只可以與你相聚一兩個鐘頭，我有別的事要做。但我離開是與你有益的，因為我離開之後，你可能會想起這次探望對你的益處。我可能會留下我的精神的一部分在這裏——可以說，我是離開了，卻也同時將一些新事物帶給你。」我們很多人都有這樣的經驗：當某人離開了，我們才醒悟自己是何等蒙那人所愛。我們在那人面前可能不懂得描述那情感，但在那人離開之後卻感受得到。

又或是另一個例子：寫信。

你不覺得這樣嗎——有些我們夠膽用文字表達的話，卻是斷不敢當面向人說出的？我們需要與那人分開一下，細想那人一會，才可以坐下來寫：「我愛你。你對我太重要了。我非常在乎你。」在那人面前我們說不出這些話，因為好像有點尷尬，有點難於啟齒，有點太直接了。但與對方有點距離之後，就能夠寫出這些話：「我在想你。能夠認識你，我很感恩。我想你知道：我很在乎你。」就在我們寫信之際，也能感覺到有一種親密感在心底湧出。不在的那人，在我們心中與我們益加親近，我們覺得與那人有溝通交流，就像那人的靈住在我們裏面。有一種新的親密，是惟獨在不在中才可以產生的，它讓我們渴想再見那人。沒有不在，再見的渴望可能就沒有那麼強烈了。

論到不在中的臨在，最深刻的例子，莫過於我們所愛的人離世。我相信我們對逝者的愛確然會藉著死而加添。在世間我們只能認識彼此的一小部分，但我們信靠上帝的人，可以藉著死，以全新方式去認識彼此的全部。

也許我們必須敢於宣告：「弟兄，姊妹，我離開、我離世，是與你們有益的，因為我死了後，你們會以全新方式來認識我。我死了後，會以全新方式與你們同在。」我肯定大家都有喪失父母、子女、朋友的經驗，有人可能會發現在逝者離開後，心中產生了新的親密感。對逝者的回憶成了生命中又真又活的同在。

我們可能發現逝者在我們心中佔了一個位置，繼續化育我們。他們繼續指引我們的前路，栽培我們的生命。這是極大的奧祕。這奧祕由耶穌以意蘊深遠的言語向我們揭示：「我去是與你們有益的；我若不去，就不能差我的靈到你們這裏來；我若去，就差我的靈來，我的靈會引領你們進入整全的真理。」（約十六 7）

耶穌這裏所說的「真理」並非教義或教條，而是整全的「婚姻」[2] 關係——「我賜你一種親密關係：我的靈會引領你們與上帝建立婚姻的關係，但我必須離開才可以成就此事。」耶穌的死，是與我們有益的——因此耶穌的靈才可以引領我們與上帝建立最親密的關係。

耶穌離開是好事。祂在世時未得世人了解，連門徒也不明白祂。門徒不明白耶穌的話是甚麼意思。他們跟從到最後，基督死了，他們便各散東西。甚至在耶穌升天的山上，門徒依舊心存疑惑。他們說：「咦，你不是要復興以色列國嗎？」「你不是要推翻羅馬的統治嗎？」「你不是要理順這裏的政局嗎？」門徒不明白耶穌。

他們不明白耶穌的話：「這是我的身體。這是我的血。」他們不明白耶穌的話：「我是生命。我是復活。我是門。我是真理。」他們似懂非懂，而且不斷按自己有限的眼界去詮釋耶穌的話。

但耶穌不斷說：「我如今告訴你們的話，你們將來就會明白。我如今告訴你們這些事，因為我離開之後，你們就會明白我的意思。你們會明白，因為我會差聖靈來，聖靈會向你揭示我教導你們的一切。我從天父所知悉的一切，聖靈都會教導你們。」

耶穌必須離開我們，我們才可明白耶穌的真正身分——這是很重要的道理。門徒覺得困惑，但耶穌說：「不要出去。不要開始工作。只要等候聖靈降臨。」

然後聖靈果然來了，一切都改變了——因為門徒看見了，也明白了。他們知道自己身處一件大奇事中。霎眼之間，他們能夠開展一個內在的生命，就是在基督裏的生命。他們雖然曾經與基督結伴同行，但在聖靈降臨之前，他們不能夠在基督裏度日；在耶穌受死之前他們說不出這話：「如

2.「婚姻」的英文字 betrothal，當中的 "troth" 意思就是真理／truth。——譯註

今活著的不再是我，乃是基督在我裏面活著。」他們說不出這話。

惟有當聖靈降臨，還有基督吹的一口氣——基督的靈——進入他們裏面，他們才可以說出那話。他們可以宣告：「我是活生生的基督。」「如今活著的不再是我，乃是基督在我裏面活著。」他們成了小基督，成了上帝又真又活的臨在。

當他們發現基督的生命在自己裏面，就能突破一切制限，可以往普天下去。聖靈的極大奧祕，就是「與我們同在的基督」，直到世界的末了。基督乃是「在我們裏面的基督」，親親密密。那位差我們到普天下去，到萬民與列邦去的上帝，不獨是「上帝與我們同在」，也是「基督與我們同在」的那一位。

我們毋須自限於一國，因為藉著「在聖靈裏的基督」，我們屬於全地。普天下都是我們去的地方，因為我們已在家裏。我們已在上帝裏面，我們已尋獲一個羣體，所以毋須自限於任何家庭或國家或環境。

惟願你開始領悟這事。這事難以言喻，乃是一大奧祕。我們可以有屬靈生命——基督之靈住在我們裏面的生命。我們可以活得自由——聖靈釋放我們脫離諸般限制。無論我們奉派到哪裏，聖靈就賜我們自由，將那裏變成我們的家。

這事發生在不在之時——耶穌的不在；祂對我們說：「我差你們出去，直等到我來。」

「現在／臨在」啟示將來

「聖靈要把將來的事告訴你們。」

對我們來說，每想到將來，總是帶著焦慮與恐懼。我們有各式各樣的疑問：我的孩子生病怎麼辦？我丟了工作怎麼辦？我的妻子或丈夫拋棄我怎麼辦？有戰爭爆發怎麼辦？恐懼使我們忘卻現在，又消滅聖靈在我們心中的感動。

惟當我們相信上帝藉著聖靈常與我們同在，「將來」就能夠在「現在／臨在」中出現。當我們真心相信上帝與我們同在，我們早已在呼吸祂的靈，就不用再為將來掛慮，也不用再擔心下一步是甚麼。我們可以開始相信：若我們能夠全然活出在聖靈裏的生命，將來就會自然地在我們現在的人生旅途中逐步展現。

人生一大試探是只顧前望，而不相信此時此刻有重大事情發生。我們身處的世界不斷洗我們的腦：重大事情會在下周或下月或下年發生。我們身為基督徒，卻必須放膽相信重大事情會在此時此刻發生。就在此刻。現在。假如我們全然活在當下，將來就變得有根有基。將來會向我們展現，因為我們早已領受聖靈。我們早已領受永生的開端。我們早已在上帝的殿中。我們早已呼吸上帝的氣息。惟願我們安居在此，細心聆聽。

在福音書裏有個很有意思的詞：「忍耐」，箇中的意思包括：全然停駐在身處的光景裏、全心全意活在當下、信任你所身處的光景中有你的一切所需。沒有忍耐的人，總將這些話掛在嘴邊：「這不是好地方；我想去別的地方。」「此刻對我毫無意義，我想離開這裏。」「明天或下年或遲下或我老了或我找到工作了或我發財了再說吧。」

我們總在前望。我們唸小學時望著唸中學，唸中學時望著唸大學。唸大學時望著找工作，上班後想不斷升職。升職的最後一站是退休，退休之後⋯⋯總之重大事情總在前頭。我們太多人一生只顧前望，因此未能體會這個真理：上帝的靈此時此刻就與我們同在。

耶穌說：「要忍耐。」忍耐就是活在當下，全心全意投入身處的光景。這樣，此時此刻播下的種子才得以長成，領你進到將來。將來乃是隱藏於現在中，就像種子撒在沃土裏。我們在所站的土壤上努力耕耘，就必遇見主所應許的成果。

不可欠缺忍耐，不要翻開土壤察看種子的生長情況。若這樣做，它反而長不成。你要相信自己獲賜一個應許，而種子亦已藏在你所站的土壤裏。它會長成大樹，但你必須耐心等候。它會向你展現將來，就在你所站的地方長出來。你要相信這是聖靈的工作。

好消息是：我們的此時此刻並不虛空，反倒豐盛。時候滿了，上帝就降臨人間。我們的時候也滿了，因為聖靈已經賜下，因為主與我們同在，而這正是我們的夙願：與主同在，與上帝同在。假若這就是我們心底最大的渴求，而上帝已將祂的靈賜予我們，將祂的氣息賜予我們，我們還欠缺甚麼呢？讓我問你一個問題：你呼吸之際，能夠全然投入其中嗎？

我們必須學習全然投入當下，因為上帝總是此時此刻的上帝。我們所度過的日子，都是上主的日子。任何屬靈上有意義的事物，都是發生在此時此刻的事物。你坐在這裏，你在這裏禱告，都是發生在這裏的事。屬靈生命的重大訣竅，是你要在身處的環境，留心聖靈的氣息，並相信會有新生命的氣息出現。在你行進之際，聖靈會給你啟迪。這就是屬靈生命美麗之處：無論在哪裏，你都可以釋然自在，毋須身處別的所在。你可以全然投入此時此刻，相信就算在你的苦痛或掙扎之中，上帝仍然能夠在你生命裏動工，向你發出啟示。

投入。

安靜。

聆聽。

與上帝同在的操練

怎樣操練與上帝同在？藉著禱告與服事。

禱告

禱告是此時此刻進入上帝的同在。禱告是投入當下、聆聽與人同在之上帝的方法。上帝總在我們所在之地。上帝與我們同在，直到世界的末了。我們必須投入，必須聆聽，必須留心。禱告是專注與投入的操練。

我渴望你能夠操練禱告，也就是操練與上帝同在。你毋須多言多語，毋須深思熟慮，毋須擔憂該想甚麼。你只須放鬆，投入，於你所在之處對上帝說：「我愛祢。我愛祢。我知道祢愛我，我愛祢。我沒有高言大智，沒有巧話妙思，但我在這裏，也渴望祢與我同在，而我很想與祢同在。」就是這麼簡單，實在簡單之至。禱告並不複雜，並不困難，若有人問你如何禱告，你只須說：「坐下來，開口說：『主啊，我在這裏。』」

何謂分心？就是我們的思緒被扯入過去或將來之中。這就是分心。我們開始想著昨天發生的事，或是明天將發生的事。分心就是我們未能投入。我們的心神不全在這裏。這是沒有問題的，你可一笑置之，說：「我分心了。我未能投入當下。我未能全然信靠。我仍是意馬心猿。我想禱告，但我仍想著那個惹惱了我的人，我只想教訓她一下……」或是「明天我要上班，兒子要進醫院，我必須見那人，討論升職的事……」我們就是這樣——難以全然投入當下。我們若能全然投入當下，就已經身在天堂了！我們不可能全然投入當下，總是會記掛著過去，記掛著將來，意馬心猿。

即或如此，我們仍然要說：「我願意更投入當下，因為我知道上帝祢在這裏。我知道祢愛我。我知道我只需要投入當下就可以了，所以我要在這裏安坐片刻，開口稱謝祢，祢是守信的上帝，祢的名是**我在/我是**。我也稱謝祢的愛子耶穌，降臨世間與我們同在。我也稱謝聖靈，住在我裏面深處，深得甚至我有時不能感受或意識到祂的存在，但我知道祂存在。我知道聖靈存在，就正如我雖然並非時刻意識到自己在呼吸，但也知道自己在呼吸一樣。所以，上帝啊，就算我不是時刻感受到祢與我同在，我也知道祢不曾離開我。」

禱告就是這麼回事，需要我們不斷操練與上帝同在。我可以向你保證，你若操練禱告，必可厚厚獲得賞賜。上帝很快就會告訴你，祂與你是何等的親近。許多關乎你過去或將來的掙扎，會變得不那麼痛苦，不那麼壓迫、轄制著你——種種掙扎依舊存在，你還會分心、掛慮，但在你心中出現了一個空間，是你可以稍稍安歇的。你仍有恐懼、焦慮，在你心中縈繞不去，但在一切暴風的中心，有一個安靜的地方可以容許你對上帝說：「我愛祢。祢愛我。就在此刻，就在這裏，在這裏真好啊。主啊，在祢的臨在中真好啊。主啊，我不再需要甚麼了。」

服事

服事就是參與謀求上帝子民福祉的事。

有時服事涉及較大之事：為赤身的提供衣物，為窮人提供居所，援助難民，探望患病的或被囚的……不過服事通常是從小做起，從小小的想法做法開始：對家人及同事友善一點，說句和氣的話，寫一張慰問卡，送人一朵花。

要留心。要留心。要留心。

我們禱告得夠多夠勤，確知上帝此時此刻在心中，就會十分留心其他人的需要，因為不再單顧自己了。我們少了掛心自己，因此會更清楚看見其他人。我們會看見別人的掙扎，別人的美，別人的善。我們會看見別人並非想傷害我們，他們不過是有自己的問題而已。我們會變得更溫柔，因為心中有聖靈臨在。我們會明白別人也在掙扎中。

論到跟從耶穌，這是其中一樣最重要、也是最早出現的獎賞：忽然之間，你裏面的聖靈看見了別人裏面的聖靈，你裏面的基督看見了別人裏面的基督，你那顆上帝的心看見了別人那顆上帝的心。聖靈與聖靈呼應，心與心呼應，基督與基督呼應。你不能看見世上的基督，但你裏面的基督可以看見世上的基督。你不能看見世上的上帝，但你裏面的上帝可以看見世上的上帝。何謂屬靈生命？乃是辨認聖靈、倚靠聖靈、事奉聖靈；乃是聖靈與聖靈的交視，上帝與上帝的唱和。

我們開始能夠發現人在種種暴虐、憎恨、報復、幻覺、夢想之下的美善了。我們醒悟他們是上帝的子民，也有上帝的靈吹在他們其間及其中。我們察覺他們的奇妙與美好，他們是人，有上帝的愛顯在他們當中。我們看見這一切，歡欣不已，甚至說：「與你同在真好，因為你益加提醒我上帝的愛是甚麼回事。」羣體因此產生。新生命由是出現。

我們投身服事，不為賺取甚麼。服事非為急於拯救世界。我們行動，不因為有改變景況的可能。非也！如果是那樣的動機，你會變得輾轉反側。如果你的惟一關心是「我非幫他或她不可」或是必須改變一個人，世界或國家或政局或社會狀況——即改變是你服事的目標與內容——你很快就會滿心怨懟。但若你的服事不過是一種感恩的表達——為你經驗過的愛——你就能夠輕鬆自在，毋須胼手胝足也能參與在改變中。服事無非是回應：你裏面獲得恩賜，令你很想與人分享。

可以說，服事是感恩的行動——我們既然滿有上帝的臨在，又意識到上帝的應許，就不想將一切藏於心底，而想與人分享。昔日門徒走遍天下，宣告上帝與我們同在，我們能夠此時此刻享有上帝的臨在。門徒關心貧窮的、飢餓的、患病的、瀕死的，乃是深信上帝臨在的一種回應。「這些事你們既做在我這弟兄中一個最小的身上，就是做在我身上了。」（太二十五 40）

當你操練與上帝同在，就會發現自己被引領到貧窮的、掙扎的、困苦的人當中。你願意其他人知道上帝也與他們同在。服事，無非是與人分享你裏面的新生命。

你裏面的聖靈會引領你前去那些受苦與窘困的人當中，因為你會在那裏看見上帝的臨在。我們想進到百姓中間，向他們表明上帝沒有撇棄他們。我們想告訴世人一個大喜的信息：聖靈不但幫助我們，也會幫助他們。我們想大聲疾呼：「你要相信上帝的靈在你們裏面，你要按聖靈的心意度日，舊事會過，一切都會變成新的！」

「你會有超乎想像的能量。你以為自己垮了，而你也真的垮了，但在你的破碎與匱乏中，你裏面卻擁有一樣東西，乃是一樣恩賜，你要讓這恩賜生出果效。」

你一切微不足道的行動，都是感恩的行動。不論是服事人羣，或服務鄰舍，事無大小，對象不論是個人、社羣，還是國家，你的服事都應該出於感恩。

服事必須能夠彰顯一個事實：上帝來到人間，住在我們當中；而且上帝已經賜予我們永生，因為上帝已經賜下祂的氣息給我們。我們已經在上帝裏面。我們原則上已經勝過死亡與罪惡，因此可以自由地活出感恩的生命，並透過關愛鄰舍、上帝的子民，以及世人，去表明我們的感恩。出於感恩的服事，有助操練與上帝同在——能夠知道這個道理，實在令人釋然。一切都不同了。禱告與服事，是生命之意義所在。上帝的靈向你啟示上帝，也是藉著禱告與服事。禱告與服事，是跟從耶穌的核心所在。

* * *

我想與你分享關於跟從耶穌的種種，大概就是這些了。惟願我的分享像種子撒在你心田裏。此刻不要在乎它有甚麼價值，只要相信種子已經埋下。可能是下周，可能是下年，你會說：「我讀了那本書的果效，開始出現了。」你只要相信。可能是一個新意念，可能並不具體，但你必須相信上帝透過這本書臨到你心，將來有一天你會對自己說：「當時我不察覺，但實在有種子開始萌芽，如今我看到它的果實了。」你可能還沒有發現它，但你可以相信，將來有一天，它會向你顯現。上帝已經賜下應許。

親愛主，

求祢在我的沉默中，向我輕輕耳語。

周圍的外在噪音，心中源於恐懼的內在噪音，不斷將我與祢隔離——主啊，求祢幫助我相信，祢仍然與我同在，縱使我聽不到祢的聲音。求賜我耳朵，可以聽到祢溫柔細語：「凡勞苦擔重擔的你，可以來到我面前，我會賜你安息⋯⋯因為我心裏柔和謙卑。」惟願這愛語成為我的導航。

阿們。

（引自《親愛主，牽我手》〔*With Open Hands*〕）

編者按

本書源於盧雲一九八五年在美國麻省劍橋市聖保羅堂（St. Paul Church, Cambridge, Massachusetts）的六次預苦期講座。其時盧雲還未知該何去何從。此前兩年，經過漫長而扎心的明辨後，他從祕魯的傳道崗位歸回美國。他從祕魯帶到哈佛大學神學院（Harvard Divinity School）的，是孤絕與煩躁的諸般感受——雖然他在哈佛獲得眾人夢寐以求的教席，但學術圈的競爭環境與奮進氛圍，徒添他的孤單與不安。本書所載關於怎樣在焦慮中度日的這些講章，可謂滿有能量，因為講題對盧雲來說並非理論，而是他面對的現實——怎樣跟從耶穌，也是**他自己**想要問的問題。不到四個月後，他拋下哈佛的終身教席，到了多倫多「方舟黎明之家」（L'Arche Daybreak, Toronto）擔任司鐸。黎明之家是方舟羣體眾多成員之一，方舟團體由范尼雲創辦，專門服事智障人士。盧雲在本書闡述跟從耶穌的意義與實踐，也不經意地演繹了自己的召命。

這些講座都有錄音，錄音質素不佳，但我費勁做了逐字記錄。此外還有兩份參考資料，一份是盧雲為「哈佛默想系列」(the Harvard meditations)所作的手寫點列筆記，另一份是盧雲翌年在愛爾蘭庫克市(Cork)就同一題目的講座錄音。這些資料都來自多倫多大學聖米迦勒學院(St. Michael's College, University of Toronto)的盧雲檔案研究室（Henri J. M. Nouwen Archives and Research Collection)。

記得我首次聽這些錄音時，感覺就像盧雲面對面向我講道，並且殷切期望我掌握他所發現的道理，熱烈渴望我徹底明白。我多渴想能夠重現那種感覺，也努力嘗試呈現盧雲講座參加者的親身體驗。

因此你可以先別急著判斷是否同意盧雲這些講座的觀點。反之，你可以想想，他所提出的議題，是否與你的經驗有呼應？若有，是怎樣的呼應？盧雲追求的不是要證明他正確，或要將你駁倒；相反，他追求的，是成為你自我發現的工具。

盼望盧雲的話能在你心底生根，令你找到你的所需，找到歸家的路。

安雪兒（Gabrielle Earnshaw）謹識
二〇一九年四月二十九日
加拿大多倫多市

致意

為盧雲這些講座做逐字記錄並編輯成書，是莫大的榮幸。那些聽錄音做記錄的漫長時光，於我就像默想一樣。我要向 Karen Pascal 及盧雲著作基金會其他成員致謝，他們對我信任有加，將這重要且造就人的職事交託我去完成。

雖然這段期間我獨自工作，但完成這工作並不只是我一個人的辛勞，很多人參與其中，讓這本書得以出版。

首個要提及的是 Jutta Ayer，她是盧雲的朋友、學生，也參加過一九八五年的那些講座。她非常友善，向我提供了大大小小的幫助，我謹此致謝。

另一個令本書得以出版的關鍵人物是 Peter Weiskel，他曾任盧雲的行政助理、編輯，又是朋友，而且是盧雲一九八五年間的同工。他讀了本書的初稿，並提出寶貴的修改建議。他確信我捕捉到盧雲的筆觸，也認為這本書具可讀性。我為他所付出的時間與心力致謝，而他對本書的肯定，對我是無價的禮物。

出版社的同工團隊，與我合作無間。編輯 Gary Jansen 對我投以信任，賜我空間發揮，但亦適時介入，令本書生色不少。其他成員有 Ashley Hong、Cathy Hennessy、Mark Birkey、Songhee Kim、Jessica Sayward Bright 和 Sarah Horgan，本書得以如此美好的面貌現世，他們居功至偉。

還有盧雲作品基金會的出版團隊：Sally Keefe Cohen、Judith Leckie 和 Karen Pascal，他們既是熱心的啦啦隊員，又是細心的讀者。Sally 跟進轉載的版權事宜，舉重若輕，快捷利落。Judith 負責校對，不忘提供支持鼓勵。Karen 給予寶貴意見、無限信任、實際援手。對三位我謹此致謝。

Ray Glennon 是盧雲作品基金會成員，又是朋友，他讀過初稿，給我寶貴建議。

盧雲檔案研究室的 Liesl Joson 及 Simon Rogers 就研究問題給我即時解答，謹此致謝。

Up Is Loud Productions 的 Gary Vaughn 改善了講座

錄音質素，若無他的技術支援，本書可能無法出現。

Carolyn Whitney-Brown 是盧雲的朋友，如今也成了我的朋友，她以特有的機靈與睿智，不斷支持鼓勵我。

Catherine Smith、Catherine Manning、Roy Schaeffer、Lindsey Yeskoo、Bridget Ring 和 Brad Ratzlaff 向來是我的啦啦隊兼好朋友。Betsy Anderson、Ann Rowland、Lyn Gaetz、Lynne Brennan、John Olthius 和 Paula Nieuwstraten 是我的教會朋友，他們對這出版計劃無盡支持，我謹此致謝。他們——以及他們一起——令此書變成可能。

我尤其要感謝盧雲的弟弟 Laurent Nouwen，他在荷蘭與德國推廣此書，也在家鄉推廣盧雲的著作。他告訴我許多盧雲的軼事，我對盧雲加深認識，他功不可沒。

一如既往，盧雲的摯友及盧雲遺作執行人 Sue Mosteller 全力支持盧雲著作的出版，她對我的信任，是推動我的莫大力量。

我想向羅爾致謝，他答允賜序，並認定盧雲是經得起時間考驗的靈修導師。羅爾是我們這世代的智者，他對盧雲著作的嘉許，對盧雲著作是一種肯定。我尤其要感謝羅爾的助理 Jenna Bourland 在聯絡上提供協助。

最後我必須感謝我的家人，包括我兩位姐妹 Heidi Earnshaw 和 Christine Earnshaw-Osler，以及家母 Marlene Gordon。外子 Don Willms 聽我談論盧雲近二十年了，他配得我最大感恩。他聆聽、細讀、編輯、評論、提問；他伴我一起度過編寫本書的日子，永不言倦。Don 我愛你，謝謝你。